快乐读书吧
系列丛书

山海经

肖维玲 主编

山东大学出版社
SHANDONG UNIVERSITY PRESS
·济南·

图书在版编目（CIP）数据

山海经 / 肖维玲主编. -- 济南 : 山东大学出版社, 2025. 6. --（快乐读书吧系列丛书 / 肖维玲主编）.

ISBN 978-7-5607-8843-2

Ⅰ. K928.626-49

中国国家版本馆 CIP 数据核字第 2025RG5663 号

责任编辑　孙艳凤

文案编辑　蒋瑞瑛

封面设计　李文静

山海经

SHANHAIJING

出版发行　山东大学出版社

社　　址　山东省济南市山大南路 20 号

邮政编码　250100

发行热线　(0531)88363008

经　　销　新华书店

印　　刷　天津联城印刷有限公司

规　　格　710 毫米 ×1000 毫米 1/16

　　　　　13 印张 260 千字

版　　次　2025 年 6 月第 1 版

印　　次　2025 年 6 月第 1 次印刷

定　　价　35.00 元

《山海经》导读

你知道吗？《山海经》其实是一部诞生于先秦时期的“上古奇书”。《山海经》之“奇”，不光体现在它年代久远，还体现在它涵盖了地理、神话、天文、人文、历史、宗教、民族、民俗、医药、建筑、交通、艺术等诸多领域，是中国博物志的源头之作。《山海经》反映了上古时期先民们生活的方方面面，与《周易》和《黄帝内经》并称为“上古三大奇书”，在世界范围内产生了巨大影响。

这样一本上古奇书，它的诞生也被赋予了神话色彩。相传大禹在治水过程中得到了山海图，然后走遍天下进行勘定，口述并由伯益记录写成了《山海经》。大禹还铸造了九个大鼎把山海图铭刻了下来，可惜九鼎在秦灭六国时便下落不明。

根据陶渊明所作的诗句“泛览周王传，流观山海图”判断，东晋时期这份原始山海图还在流传，可惜后来也失传了。值得庆幸的是，《山海经》虽然缺失了古图谱，但文字内容大体被保存了下来，我们今天还能够一睹它的风采。

《山海经》讲了什么

《山海经》共有18卷，包括《山经》5卷、《海外经》4卷,《海内经》5卷，以及《大荒经》4卷。《山经》原名为《山志》，它详细记录了20多条山脉，将近500座山中的数百种动物、植物和矿物的形态、习性和功能，是典型的地理物产类博物志。

《海经》又包括《海内经》《海外经》和《大荒经》，它们保留了“看图说话”的痕迹，如“方捕鱼”（正在捕鱼），明显是对原书中图画内容的解释和记述。

除了这些地理知识外，《山海经》还记载了许多神话传说，许多中国古代神话在《山海经》中得到了最集中的保存。无论是夸父逐日、羿射九日等英雄神话，还是涿鹿之战等战争神话，都在《山海经》中有所记载。

不过《山海经》中最引人入胜的，要数其中的各类奇珍异兽了。凤凰、麒麟这类祥瑞之兽，饕餮、穷奇这种神秘凶兽，还有迷榖、祝馀这些神奇植物，都充满了浪漫夸张的想象。

为什么要读《山海经》

《山海经》之所以能流传千古，除了内容丰富，还因为它有许多重要的价值。也正因这些与众不同的价值，将会为我们带来独特的阅读体验。

①《山海经》具有弥足珍贵的史料价值

它是中国历史上已知最早的关于远古人类的记载，因此我们可以从中获得丰富的历史信息。比如从书中众多方国的记载里，我们可以了解到古代诸多民族的民族习性、生活习惯、社会发展状况等相关信息。再比如关于部落战争，后世史书中未加记述或记述较为简略的具体事件，在《山海经》中却有着翔实的记述，弥补了正史的不足。

②《山海经》体现了丰富的精神价值

在缺乏技术和工具的状况下，《山海经》中关于山川地理、矿藏分布、风俗民情、天文历史等的记载更显得异常难得，这体现了先民们在艰难生存中的积极探索。他们观察世界、认知世界的科学精神非常值得我们学习。

《山海经》中还流淌着华夏祖先血液中的诗性光芒，我们能从中充分感受到先民鲜活灵动的思维和想象以及纯真美好的希冀和渴望。比如书中有一种草叫祝馀，像韭菜一样可以割而复生，于是先民们便在想象中赋予了祝馀能让人永远不会饥饿的特质。

《山海经》中还讲述了很多悲壮的英雄事迹。他们以死亡悲剧收场，但灵魂化身为了另一种存在，比如夸父的手杖化作邓林以造福人类，这象征着意志的不屈、精神的永恒。这些可歌可泣的英雄诗章震撼人心，陶渊明就曾写下“精卫衔微木，将以填沧海。刑天舞干戚，猛志固常在”的诗句，赞美刑天、精卫的抗争精神。

除此以外，《山海经》还折射出天人合一、敬畏自然、合理利用自然的理念，这和我们今天提倡保护自然、与自然共生发展的生态文明价值观高度吻合。《山海经》的精神价值永远都不会过时。

③《山海经》蕴含独特的文学魅力

《山海经》之所以引人入胜，与它的文学魅力密不可分。比如对招摇山的记述，它的叙述笔法是先山后水，层次分明；对于多样物产的介绍，分条列举，井然有序；特写手法作重点记述时，绘声绘色、明白晓畅。

正因为《山海经》的文字如此富有魅力，阅读起来令人赏心悦目，才使得它历经千年而不衰，时至今日，根据《山海经》衍生的动漫、游戏、文学、影视佳作仍层出不穷。

如何阅读《山海经》

《山海经》是一部古书，但只要掌握一定的方法，语言难题便可迎刃而解。阅读时参考下面几个小贴士，你便能穿越千古，踏上一段充满了奇幻却乐趣非凡的阅读之旅了。本书特地节选了书中有趣的内容，不必担心读起来会有压力哦！

阅读前的准备

阅读之前，我们可以先通过导读了解《山海经》相关的背景知识。

阅读中的妙招

1 看目录

阅读《山海经》不一定要按照目录从前往后读，可以先翻看目录，从自己感兴趣的部分开始。喜欢神话故事的就先看神话传说相关的章节，喜欢奇珍异兽的就先看奇珍异兽的部分，每次读一小部分，循序渐进。

2 看插画

《山海经》是一本图文并茂的书，后文中有大量插画，阅读的时候可以先看看插图，猜猜可能讲述的是什么故事，再看看文字是如何描述的。

3 看注释

文言文阅读难度较大，因此书中有大量的注释可以帮助我们理解原文的意思，降低阅读难度。

阅读后的分享

《山海经》里的故事离奇有趣，读到喜欢的内容，可以用自己的话讲给身边的人听。《山海经》中的内容，许多是有现实原型的，遇到感兴趣的可以查阅资料，拓展相关的知识，真正消化吸收这本“百科全书”。

目录

卷一·南山经

招摇之山，有草焉，其状如韭而青华[1]，其名曰祝馀(yú)，食之不饥。有木焉，其状如榖(gǔ)[2]而黑理[3]，其华四照[4]，其名曰迷榖，佩之不迷[5]。有兽焉，其状如禺(yù)[6]而白耳，伏行人走，其名曰狌(xīng)狌[7]，食之善走。丽麂(jǐ)之水[8]出焉，而西流注于海。其中多育沛[9]，佩之无瘕(jiǎ)疾[10]。

注释

①青华：青色的花朵，“华”通“花”。

②榖：即构树，树皮可造纸。

③黑理：黑色的纹理。

④其华四照：花朵发光，能照亮四周。

⑤佩之不迷：佩戴迷榖的枝条能防止迷路。

⑥禺：传说中的一种猴。

⑦狌狌：传说中的野兽，类似猩猩。

⑧丽麂之水：河流名，向西流入大海。

⑨育沛：一种贝壳类生物。

⑩瘕疾：肚子中有肿块的疾病。

译文

招摇山上有一种神奇的草，长得很像韭菜，开着青色的花朵，名字叫祝馀。人吃了它就不会感到饥饿。山上还有一种树，形状像构树，树皮有着黑色的纹理，开出的花会放出光芒，照亮四周。这种树的名字叫迷榖，只要把它佩戴在身上，就不会迷路。山里还生活着一种野兽，外形很像猴子，却有着白色的耳朵，平时是趴着走路的，但也能像人一样直立奔跑。这种野兽的名字叫狌狌，如果吃了它的肉，人就会变得特别擅长奔跑。丽麐河从这座山里发源，向西流入大海。河水里盛产一种叫育沛的东西，随身佩戴着它，就不会得肚子里的肿块的疾病。

杻(niǔ)阳之山，有兽焉，其状如马而白首，其文①如虎而赤尾，其音如谣②，其名曰鹿蜀，佩之宜子孙③。怪水出焉，而东流注于宪翼之水。其中多玄龟，其状如龟而鸟首虺(huǐ)尾，其名曰旋龟，其音如判木④，佩之不聋，可以为底⑤。

注释

①文：花纹。

②谣：人唱歌的声音。

③宜子孙：能保佑多子多孙。

④判木：判，指劈开、剖开。判木指破木。

⑤可以为底：为，医治、治疗。底，通“胝”，指手掌或脚底的老茧。

译文

扭阳山里生活着一种野兽，外形很像马，但是头却是白色的，身上的花纹犹如老虎一般，尾巴是红色的，叫声像是人在唱歌，这种野兽的名字叫鹿蜀。据说佩戴它的皮毛，能让家族子孙兴旺。有一条奇特的水流从这里发源，向东流入宪翼河。河里有很多黑色的乌龟，它们的外形和普通乌龟别无二致，但是脑袋却长得像鸟，尾巴像毒蛇，名字叫旋龟。这种生物的叫声像是劈木头的声音，佩戴它做成的饰品能够防止耳聋，还可以消除手脚上的老茧。

柢(dǐ)山多水，无草木。有鱼焉，其状如牛，陵居①，蛇尾，有翼，其羽在魼(xié)②下，其音如留牛③，其名曰鯥(lù)，冬死而夏生，食之无肿疾④。

注释

①陵居：住在山上。陵，大土丘，大土山。

②魼：通“胁”，肋骨处。

③留牛：古代某种牛的名字。

④肿疾：痈，毒疮。

译文

柢山之间多河流，山上没有花草树木。山里生活着一种怪鱼，长得近乎牛的样子，平时就住在高地上，拖着蛇一样的尾巴，还长有翅膀，羽毛藏在两肋下，叫声如同留牛一般，它的名字叫作鯥。这种鱼冬天就像死了一样休眠，夏天又会活过来，吃了它的肉就不会生毒疮。

基山，其阳多玉，其阴多怪木。有兽焉，其状如羊，九尾四耳，其目在背，其名曰猼訑(bó yí)，佩之不畏。有鸟焉，其状如鸡而三首、六目、六足、三翼，其名曰鵸鵂(chǎng fū)，食之无卧。

译文

基山的南面有许多玉石，北面长满了奇形怪状的树木。山里生活着一种野兽，外形很像羊，但却长着九条尾巴、四只耳朵，眼睛居然还生在背上，名字叫猼訑。据说佩戴它的皮毛，人就会无所畏惧。还有一种怪鸟，长得近似公鸡，但却有三颗脑袋、六只眼睛、六条腿和三只翅膀，它的名字叫鵸鵌，吃了它的肉，人就再也没有睡眠的欲望了。

青丘之山，有兽焉，其状如狐而九尾，其音如婴儿，能食人，食之不蛊(gǔ)①。有鸟焉，其状如鸠(jiū)，其音若呵，名曰灌(guàn)灌，佩之不惑。英水出焉，南流注于即翼之泽。其中多赤鱬(rú)，其状如鱼而人面，其音如鸳鸯，食之不疥(jiè)②。

注释

①不蛊：不受毒虫巫术影响。　②疥：疥疮。

译文

青丘山里有一种怪兽，外形很像是狐狸，但是却长有九条尾巴，叫声像是婴儿在啼哭，它有吃人的习性，但是假如人类吃了它的肉以后，就能抵御毒邪的侵袭。还有一种怪鸟，长得近似于鸠，鸣叫时像极了人发出呵斥的声音，它的名字叫灌灌，人们佩戴它的羽毛后，就不会受到迷惑。英水发源于这里，向南流入了即翼泽。水中有许多红色的人面鱼，形状和鱼一样，但是面容却是人的模样，叫声和鸳鸯很相像，吃了它的肉以后，皮肤就不会生疥疮了。

柜(jǔ)山，西临流黄①，北望诸毗(zhū pí)②，东望长右③。英水出焉，西南流注于赤水，其中多白玉，多丹粟④。有兽焉，其状如豚(tún)⑤，有距⑥，其音如狗吠，其名曰狸力，见则其县多土功⑦。有鸟焉，其状如鸱(chī)而人手，其音如痺(pí)⑧，其名曰鴸(zhū)⑨，其名自号⑩也，见则其县多放士⑪。

注释

①流黄：古国名。

②诸毗：古山名，也是水名。

③长右：传说中的山名，也是兽名。

④丹粟：细小如粟的丹砂。

⑤豚：野猪的古称。

⑥距：禽兽足后突出如脚趾之物。

⑦土功：治水、筑城等工程。

⑧痺：鸟名，指雌性鹌鹑。

⑨鴸：鸟名，传说是尧帝的儿子丹朱幻化成的鸟。尧想把天下让给舜，丹朱联合起兵反对，最终被平叛，丹朱因羞愧投南海而死，死后化为鴸鸟。

⑩自号：自呼其名现象。《山海经》常见“其名自号”体例，郭璞注：“此鸟名自呼也。”实为古人对鸟类鸣叫拟声命名的记录方式，与“布谷鸟”“鹧鸪”等命名原理相通。

⑪放士：被流放之士大夫。

译文

柜山西边紧挨着流黄国，向北能望见诸岴山，向东可看到长右山。英水从这里发源，向西南汇入赤水，河底铺满了白色玉石，还有密密麻麻的朱红色沙粒。山里住着一种怪兽，外形如同小猪，长有公鸡一般的利爪，叫声犹如狗吠。这个怪兽的名字叫狸力，它出现在哪里，哪里就会大兴土木水利工程。还有一种怪鸟，身子很像鹞鹰，爪子却好似人的手掌，叫声像极了母鹌鹑。这种怪鸟的名字叫作鴸，它整天“鴸鴸”地叫唤，名字便来自它的叫声。这种鸟出现的地方，往往会有士人遭到流放。

长右之山无草木，多水。有兽焉，其状如禺而四耳，其名长右，其音如吟①，见则郡县大水。

注释

①吟：低频震颤声的拟声描述，指人在呻吟时发出的声音。

译文

长右山上不长花草树木，但是水流众多。山里生活着一种野兽，外形挺像猴子，但却长着四只耳朵，名字叫长右，它的叫声像是人在低声呻吟。这种野兽出没的地方会有大洪灾发生。

尧光之山，其阳多玉，其阴多金。有兽焉，其状如人而彘鬣（zhì liè）①，穴居而冬蛰（zhé）②，其名曰猾褢（huái）③，其音如斫（zhuó）木，见则县有大繇（yáo）④。

注释

①彘鬣：指猪的鬃毛。彘，即猪；鬣，指动物颈部的刚硬长毛。

②冬蛰：即冬眠。

③猾褢：应作“猾裹”，异写或传抄差异所致。传说中的兽类，古人视其出现为灾异征兆。部分学者考证其原型可能为貉。

④大繇：通“大徭”，指繁重的劳役。

译文

尧光山的南面有很多玉石，北面有很多金属矿藏。山里生活着一种怪兽，长得虽然像人，但却有着猪的鬃毛。它居住在洞穴里，冬天就会蛰伏起来。这种怪兽的名字叫猾褢，叫声像是砍伐木头的声音。一旦它出现在某地，就会有劳役之苦。

浮玉之山，有兽焉，其状如虎而牛尾，其音如吠犬，其名曰彘，是食人。

译文

浮玉山里有一种怪兽，长得像老虎却又有着牛的尾巴，叫声像是狗吠，这种野兽的名字叫彘，有吃人的习性。

洵(xún)山，有兽焉，其状如羊而无口，不可杀也，其名曰䍺(huàn)。洵水出焉，而南流注于阏(è)之泽，其中多芘(zǐ)蠃(luǒ)①。

注释

①芘蠃：紫色的螺。“芘”通“紫”，“蠃”是“螺”的古字，可能是指带有紫色花纹的螺类，古代人会用它的壳作装饰品。

译文

洵山有一种怪兽，长得像羊，但是没有嘴巴，不吃东西也不会死，名字叫䍺。洵水从这座山发源，向南流入阏泽，水中有很多紫色的螺类。

鹿吴之山，泽更之水出焉，而南流注于滂水。水有兽焉，名曰蛊雕，其状如雕而有角，其音如婴儿之音，是食人。

译文

泽更河发源于鹿吴山，向南流入滂水。水中有一种凶兽，名字叫蛊雕，外形犹如雕，却长有犄角，叫声像是婴儿的啼哭，这种凶兽会吃人。

祷过之山，有鸟焉，其状如䴔（jiāo）①，而白首、三足、人面，其名曰瞿（qú）如，其鸣自号也。泿（yín）水出焉，而南流注于海。其中有虎蛟，其状鱼身而蛇尾，其音如鸳鸯，食者不肿，可以已痔（zhì）。

注释

①䴔：传说中的一种水鸟，长得像野鸭子。

译文

祷过山里有一种鸟，外形像䴔，但是长着白色的头、三只脚和人的脸，名字叫瞿如，它的叫声就像是在喊自己的名字。泿水从这里发源，向南流入大海。水里有一种叫虎蛟的生物，长着鱼的身体和蛇的尾巴，叫声犹如鸳鸯，吃了它的肉能消肿止痛，还能治好痔疮。

丹穴之山，其上多金玉。丹水出焉，而南流注于渤海。有鸟焉，其状如鸡，五采而文，名曰凤皇①，首文曰德，翼文曰顺，背文曰义，膺（yīng）②文曰仁，腹文曰信。是鸟也，饮食自然，自歌自舞，见则天下安宁。

注释

①凤皇：即凤凰。　②膺：胸部，这里指凤凰胸前的羽毛图案。

译文

丹穴山上有很多金属和玉石。丹水从这里发源，向南流入渤海。山里有一种鸟，外形很像是鸡，羽毛五彩斑斓、布满花纹，它的名字叫凤凰。凤凰头部的花纹像“德”字，翅膀的花纹像“顺”字，背部的花纹像“义”字，胸部的花纹像“仁”字，腹部的花纹像“信”字。凤凰的饮食来自大自然的馈赠，它喜欢自己边唱歌边跳舞，只要它现身于世间，天下就会太平安宁。

鸡山，其上多金，其下多丹雘(huò)。黑水出焉，而南流注于海。其中有鱄(zhuān)鱼①，其状如鲋(fù)②而彘(zhì)毛，其音如豚，见则天下大旱。

注释

①鱄鱼：传说中的怪鱼，结合了鱼类和陆生动物特征的神奇生物。　②鲋：即鲫鱼。

译文

鸡山上盛产金属，鸡山下有许多红色的矿物。黑水从这里发源，向南流入大海。水中有一种鱄鱼，形状类似鲫鱼，但却长着猪一样的鬃毛，发出的声音如同猪叫，它的出现会给天下带来旱灾。

令丘之山，无草木，多火。其南有谷焉，曰中谷，条风[①]自是出。有鸟焉，其状如枭(xiāo)[②]，人面四目而有耳，其名曰颙(yóng)，其鸣自号也，见则天下大旱。

注释

①条风：古代对东北风的称呼。 ②枭：即猫头鹰。

译文

令丘山上不长花草树木，却有很多火焰。山的南面有个山谷叫中谷，东北风就是从这里吹出来的。那里有一种鸟，外形酷似猫头鹰，但是长着一副人脸、四只眼睛，也有耳朵，名字叫颙，它的叫声就像是在喊自己的名字，当它出现时，天下就会发生大的旱灾。

卷二·西山经

钱来之山，其上多松，其下多洗石①。有兽焉，其状如羊而马尾，名曰羬（qián）羊，其脂可以已腊②。

注释

①洗石：一种用来搓洗身体的石头。

②腊：皮肤干燥而裂开。

译文

钱来山上长有很多松树，山下盛产洗石。山里有一种野兽，外形和羊很像，但却长有马类的尾巴，名字叫羬羊，它的油脂可以治疗皮肤干裂。

松果之山，有鸟焉，其名曰螐（tóng）渠，其状如山鸡，黑身赤足，可以已䐢（báo）①。

注释

①䐢：皮肤皴裂。

译文

松果山有一种鸟，名字叫螐渠，外形酷似山鸡，有黑色的身体、红色的脚，可以用来治疗皮肤皴裂。

太华之山，削成①而四方，其高五千仞，其广十里，鸟兽莫居。有蛇焉，名曰肥蟦（wèi），六足四翼，见则天下大旱。

注释

①削成：意思是如同用刀劈斧削一般而成。

译文

太华山陡峭而方正，高达五千仞，宽约十里，鸟兽都无法在上面生活。山里有一种蛇，名叫肥蟦，长着六只脚和四只翅膀，它的出现，预兆着天下将会有大的旱灾。

小华之山，其木多荆杞①，其兽多柞(zuó)牛②，其阴多磬石③，其阳多㻬(tū)琈(fú)之玉。鸟多赤鷩(bì)，可以御火。其草有萆荔(lì)，状如乌韭，而生于石上，亦缘木而生，食之已心痛。

注释

①荆杞：指荆棘和枸杞，都是野生灌木。

②柞牛：传说中体形较大的牛。

③磬石：一种可以制作乐器的石头，敲击时会发出清脆的声音。

译文

小华山上的树木大多是荆条和枸杞，野兽多是柞牛。山的北面有很多磬石，南面盛产㻬琈。鸟类以赤鷩居多，这种鸟可以防御火灾。山里还有一种叫作萆荔的香草，形状很像乌韭，长在石头上，也会攀缘树木生长，吃了这种草能治疗心痛病。

符禺(yú)之山，其阳多铜，其阴多铁。其上有木焉，名曰文茎，其实如枣，可以已聋。其草多条①，其状如葵②，而赤华黄实，如婴儿舌，食之使人不惑。符禺之水出焉，而北流注于渭。其兽多葱聋，其状如羊而赤鬣。其鸟多鴖(mín)，其状如翠③而赤喙(huì)④，可以御火。

注释

①条：草名。

②葵：中国古代一种常见的蔬菜，有“百菜之王”的美誉。

③翠：即翠鸟。

④喙：鸟兽的嘴。

译文

符禺山的南面盛产铜矿，北面盛产铁矿。山上长着一种叫文茎的树，结的果实很像枣子，吃了能治疗耳聋。山里的草大多是条草，形状犹如葵菜，开红花、结黄果，果实像婴儿的舌头，吃了能让人头脑清醒。符禺水从这里发源，向北流入渭河。山里的野兽大多是葱聋，样子像羊，但长着红色的鬃毛。鸟类以䴔居多，外形酷似翠鸟，但长着红色的嘴巴，能防御火灾。

英山，禺水出焉，北流注于招水，其中多鲜(bàng)鱼，其状如鳖，其音如羊。其阳多箭、䉋(mèi)①，其兽多㸲牛、羬羊。有鸟焉，其状如鹑，黄身而赤喙，其名曰肥遗，食之已疠(lì)②，可以杀虫。

注释

①䉋：一种节长、皮厚、根深的竹子，十分坚韧。

②疠：癞病，即麻风。

译文

禺水发源于英山，向北流入招水，水里生活着许多鲜鱼，外形很像甲鱼，发出的声音像小羊的叫声。英山的南面长满了箭竹、䉋竹，山里的野兽大多是牸牛和羬羊。还有一种鸟，长得酷似鹌鹑，金黄的羽毛，鲜红的嘴巴，名字叫肥遗。吃了它的肉能治疗麻风，还能杀死体内的虫子。

竹山，其上多乔木，其阴多铁。有草焉，其名曰黄雚(guàn)，其状如樗(chū)①，其叶如麻，白华而赤实，其状如赭，浴之已疥，又可以已胕(fú)②。竹水出焉，北流注于渭，其阳多竹箭③，多苍玉。丹水出焉，东南流注于洛水，其中多水玉④，多人鱼。有兽焉，其状如豚而白毛，毛大如笄(jī)⑤而黑端，名曰豪彘。

注释

①樗：臭椿树，叶子有特殊气味，古代常用来做木材。

②胕：浮肿。

③竹箭：一种细竹。

④水玉：水晶的古称。

⑤笄：古代人盘头发用的簪子，这里比喻豪彘的毛像簪子一样粗。

译文

竹山上长满了高大的树木，北面蕴藏着丰富的铁矿。山里有一种草叫黄雚，长得酷似臭椿，叶子像麻叶，开白色的小花，结红色的果子。用这种草泡澡能治疗疥疮，还能消肿止痛。竹水从这里发源，向北流入渭河，南面长满了细细的箭竹，还埋藏着青绿色的美玉。另有一条丹水也发源于这里，向东南流入了洛水，水底有许多水晶，还生长着人形的鱼。山里还有一种野兽，外形如同小猪，浑身长满了白毛，毛发粗壮得犹如发簪，末端是黑色的，名字叫豪彘。

羭(yú)次之山，其上多棫橿(yù jiāng)①，其下多竹箭，其阴多赤铜，其阳多婴垣(yuán)②之玉。有兽焉，其状如禺而长臂，善投，其名曰嚣(xiāo)。有鸟焉，其状如枭，人面而一足，曰橐𩇯(tuó féi)，冬见夏蛰(zhé)，服之不畏雷。

注释

①棫橿：棫是一种小树，叶子像杏树叶，结红色小果。橿树木质坚硬，常用来制作车轮。

②婴垣：一种有花纹的玉石。

译文

羭次山上长满了低矮的棫树和坚硬的橿树，山下则是大片的细竹。山的北面蕴藏着丰富的赤铜矿，南面盛产带花纹的玉石。山里生长着一种野兽，长得近似长臂猿，胳膊特别长，喜欢扔石头，名字叫嚣。还有一种怪鸟，外形酷似猫头鹰，长着一副人脸，但只有一只脚，名字叫橐𩇯。它喜欢冬天出来活动，夏天躲起来睡大觉，据说把它的羽毛做成衣服穿上就不怕打雷了。

嶓冢(bō zhǒng)之山，有草焉，其叶如蕙(huì)，其本如桔(jié)梗(gěng)，黑华而不实，名曰蓇(gū)蓉，食之使人无子。

译文

嶓冢山有一种很特别的草，叶子像兰草般细细长长的，根茎胖乎乎的很像是桔梗，开着黑色的花，但是却从不结果实。这种草的名字叫蓇蓉，一旦误食了它就再也不能生孩子了。

天帝之山，有兽焉，其状如狗，名曰谿（xī）边，席其皮者不蛊。有鸟焉，其状如鹑，黑文而赤翁①，名曰栎（lì），食之已痔。有草焉，其状如葵，其臭如蘼（mí）芜（wú），名曰杜衡（héng），可以走马②，食之已瘿③。

注释

①赤翁：鸟脖子周围长着红色羽毛。

②走马：使马的奔跑速度变快。

③瘿：脖子上长的赘瘤。

译文

天帝山里住着一种叫谿边的野兽，长得像小狗，用它的皮毛制作成坐垫，人坐在上面就不会中蛊毒。还有一种叫栎的怪鸟，模样似鹌鹑，浑身布满了黑色的花纹，而脖子上的颈毛则是红色的，据说吃了它的肉能治疗痔疮。更神奇的是杜衡草，形状像葵菜，香味像蘼芜。这种草不仅能让马跑得更快，还能治好人脖子上的赘瘤。

皋涂(gāo tú)之山，有白石焉，其名曰礜(yù)[①]，可以毒鼠。有草焉，其状如藁茇(gǎo bá)[②]，其叶如葵而赤背，名曰无条，可以毒鼠。有兽焉，其状如鹿而白尾，马足人手而四角，名曰玃(jué)如。有鸟焉，其状如鸱而人足，名曰数斯，食之已瘿。

注释

①礜：一种白色毒石头，磨成粉撒在老鼠洞口，能毒死老鼠。

②藁茇：一种草本植物，根茎可入药。

译文

皋涂山里有种白石头叫礜石，老鼠吃了这种石头磨碎的粉就会中毒。还有一种叫无条的毒草，形态很像藁茇，叶子很像葵菜，背面是红色的，也能用来毒杀老鼠。玃如这种野兽很奇特，外貌近乎小鹿，尾巴雪白雪白的，后脚像马蹄，前爪像人手，长有四只角。山中还生活着数斯鸟，样貌近似猫头鹰，脚却和人一样，吃了它的肉能医治人的颈瘤。

黄山，有兽焉，其状如牛，而苍黑大目，其名曰𤜶(mǐn)。有鸟焉，其状如鸮(xiāo)[①]，青羽赤喙，人舌能言，名曰鹦䳇(yīng wǔ)[②]。

注释

①鸮：即猫头鹰。

②鹦䳇：即鹦鹉。

译文

黄山里住着一种奇怪的野兽，长得很像牛，但是却有着青黑色的皮毛，瞪着大大的眼睛，这种野兽的名字叫犟。还有一种神奇的鹦鹉鸟，外形近似猫头鹰，披着一身青绿色的羽毛，长着红色的嘴巴，最厉害的是它好像长了人一样的舌头，竟然能学人说话。

翠山，其鸟多鸓（lěi），其状如鹊，赤黑而两首、四足，可以御火。

译文

翠山里的鸟大多是鸓鸟，长得挺像花喜鹊，羽毛红一块黑一块的，神奇的是它有两个脑袋、四只脚，喂养它可以预防火灾。

女床之山，有鸟焉，其状如翟（dí）①而五采文，名曰鸾（luán）鸟②，见则天下安宁。

注释

①翟：长尾巴山鸡。　　②鸾鸟：传说中的吉祥神鸟。

译文

女床山有一种吉祥的鸟，长得像长尾巴山鸡，有五彩斑斓的羽毛，名字叫鸾鸟，只要它一出现，天下就会太平安宁。

鹿台之山，有鸟焉，其状如雄鸡而人面，名曰凫徯（fú xī），其鸣自叫也，见则有兵。

译文

鹿台山有一种奇特的鸟，长得像威武的公鸡，但是却顶着一张人的脸，名字叫凫徯，它的叫声像是在喊自己的名字。只要它一出现，天下就会兵荒马乱。

小次之山，有兽焉，其状如猿，而白首赤足，名曰朱厌，见则大兵。

译文

小次山里住着一种可怕的野兽，长得像极了猿猴，但是却有着白色的头发、红色的脚丫，它的名字叫朱厌，只要它一出现，天下就会有惨烈的战火硝烟。

崇吾之山，有木焉，员①叶而白柎②，赤华而黑理，其实如枳(zhǐ)③，食之宜子孙。有兽焉，其状如禺而文臂，豹尾而善投，名曰举父。有鸟焉，其状如凫，而一翼一目，相得乃飞，名曰蛮蛮④，见则天下大水。

注释

①员：通“圆”。

②柎：花外轮的部分，可以保护花芽。

③枳：一种耐寒的橘树。

④蛮蛮：比翼鸟。

译文

崇吾山里有一种树，叶子是圆圆的，花萼是白色的，红色的花朵上布满了黑色的纹理，它的果实与枳的果实很相像，吃了它会多子多孙。山里还生活着一种野兽，长得和猴子相差无几，但却有着带花纹的胳膊和豹类的尾巴，而且特别擅长投掷东西，它的名字叫举父。山里还有一种鸟，样子很像野鸭，但却只有一只翅膀和一只眼睛，必须要两只鸟相互配合才能飞翔，这种鸟的名字叫蛮蛮，它如果出现在世间，就会爆发大规模的水灾。

不周①之山，河水所潜也，其原浑(gǔn)浑泡(páo)泡②。爰(yuán)有嘉果③，其实如桃，其叶如枣，黄华而赤柎，食之不劳。

注释

①不周：山名，这座山的形体残缺，有不周全之处，因此得名。

②浑浑泡泡：拟声词，形容水流奔涌的声音。

③爰有嘉果：这里有美好的果树。爰，文言助词，相当于“这里”。

译文

黄河在不周山这里变成了一股潜流，地下哗啦哗啦的流水不断地奔涌。山中长着一种奇异的果树，果实像桃，叶子像枣树树叶，开着黄色的花，配着红色的萼。吃了这种果实，就可以消除烦恼。

峚(mì)山，其上多丹木，员叶而赤茎，黄华而赤实，其味如饴，食之不饥。丹水出焉，西流注于稷(jì)泽，其中多白玉。是有玉膏，其原沸沸(fèi)汤汤(shāng)①，黄帝是食是飨(xiǎng)②。是生玄玉。玉膏所出，以灌丹木，丹木五岁，五色乃清，五味乃馨。黄帝乃取峚山之玉荣，而投之钟山之阳。瑾瑜(jǐn yú)之玉为良，坚栗精密，浊③泽而有光。五色发作，以和柔刚。天地鬼神，是食是飨；君子服之，以御不祥。

注释

①沸沸汤汤：水奔腾的样子。

②飨：通“享”，享受、享用。 ③浊：这里指玉质温润柔和。

译文

峚山上丹木密布，这种树长着圆圆的叶子，红色的枝干，开黄花而结红果，果实像糖一样甜，人吃了这种果实就不会感到饥饿。丹水从这里发源，向西注入稷泽，水底铺满了白玉。这里有玉膏涌出，原野上一片蒸腾翻涌的气象，黄帝很喜欢享用。白色的玉膏会生出黑色的玄玉。用玉膏来浇灌丹木，经过五年，丹木就会开出五彩缤纷的花、结出五味馨香的果实。黄帝曾把峚山美玉投种到钟山的南面，便能生化出绝佳的瑾瑜良玉，质地坚密细腻、温润柔和，散发出悦目的光泽。瑾瑜美玉焕发出的五色纷呈的奇异神采，能调和万物的刚柔之性，天地鬼神都享用它的灵气，君子佩戴它可以驱邪避灾。

钟山，其子曰鼓，其状人面而龙身，是与钦䲹(qīn pēi)[1]杀葆江[2]于昆仑之阳，帝乃戮(lù)[3]之钟山之东曰峣(yáo)崖。钦䲹化为大鹗(è)[4]，其状如雕而黑文白首，赤喙而虎爪，其音如晨鹄(hú)，见则有大兵；鼓亦化为鵕(jùn)鸟，其状如鸱，赤足而直喙，黄文而白首，其音如鹄，见则其邑[5]大旱。

注释

①钦䲹：古代神话中的神，人面兽身。

②葆江：又名祖江，传说中的天神，为钟山山神之子所杀。

③戮：这里是诛杀的意思。

④鹗：即鱼鹰，善于捕鱼。

⑤邑：泛指有人聚居生活的地方。

译文

钟山山神的儿子名叫鼓，他长着人的脸、龙的身体，曾和钦䲹联手在昆仑山以南的地方杀害了天神葆江。天帝大为震怒，在钟山东边峄崖这个地方诛杀了他们。钦䲹死后变成了一只大鹗，身形和雕很相像，长着黑色的羽毛、白色的脑袋、红色的嘴巴以及老虎一样的爪子，叫声犹如晨鹄，只要它一出现，就会引发战争；鼓则变成了鵕鸟，外形很像鹞鹰，但却有着红色的脚、直直的嘴巴、黄色的羽毛和白色的脑袋，叫声则与鸿鹄类似，凡是它出现的地方必定会遭受旱灾。

泰器之山，观水出焉，西流注于流沙。是多文鳐(yáo)鱼①，状如鲤鱼，鱼身而鸟翼，苍文而白首赤喙，常行西海，游于东海，以夜飞。其音如鸾鸡②，其味酸甘，食之已狂，见则天下大穰(ráng)③。

注释

①文鳐鱼：神话中带鸟翅的飞鱼，“文”指花纹。

②鸾鸡：传说中的神鸟，类似凤凰。

③大穰：五谷丰登，“穰”特指庄稼茂盛。

译文

泰器山是观水的发源地，观水向西注入流沙河。河水里满是文鳐鱼，它们长得很像鲤鱼，但却有着鸟的翅膀，而且是青花纹、白脑袋、红嘴巴。它们常在西海一带活动，也会去东海遨游，还喜欢在夜晚飞行，叫声如凤凰。文鳐鱼鱼肉酸甜可口，吃了能医治疯癫病，只要它出现，天下就会五谷丰登，喜获丰收。

槐江之山，实惟帝之平圃，神英招司之，其状马身而人面，虎文而鸟翼，徇于四海①，其音如榴②。南望昆仑，其光熊熊，其气魂魂。西望大泽，后稷(jì)③所潜也。其中多玉，其阴多榣(yáo)木之有若④。北望诸毗，槐鬼离仑居之，鹰鹯(zhān)⑤之所宅也。东望恒山四成，有穷鬼⑥居之，各在一抟(tuán)⑦。爰有瑶水，其清洛洛⑧。有天神焉，其状如牛，而八足二首马尾，其音如勃皇⑨，见则其邑有兵。

注释

①徇于四海：巡视天下四方。

②榴：有说是拟音词，如辘轳抽水的声音。

③后稷：周朝始祖，神话中的农神。

④榣木之有若：榣木上结的若果（传说食之长生）。若：即若木，神话中的树名。

⑤鹞：一种猛禽，也叫晨风。

⑥有穷鬼：古代神话中的生物。

⑦抟：聚集。

⑧洛洛：拟声词，形容水流清澈叮咚。

⑨勃皇：有说是动物的名字，有说是拟声词，指吹奏乐器的薄膜发出的声音。

译文

槐江山是天帝在人间的园圃，由一位叫做英招的山神主管，英招的外形是马身人面，身上长着老虎一样的斑纹，还有鸟的翅膀，他经常巡游四海，传递天帝的指令，他的叫声如同辘轳抽水的声音。在这座山上向南看，可以望见昆仑山，那里光芒万丈、气象万千。从这座山上向西看，可以望见大泽，那里是后稷的葬身之所。大泽里面有很多玉石，它的南边生长着许多榣木，榣木上面又长有若木。从槐江山向北可以看见诸毗山，槐江山鬼离仑就住在那个地方，鹰和鹞等猛禽也栖息在那里。从槐江山向东可以眺望到恒山，它高有四重，有穷鬼这种生物就居住在这里，并且各在山的一边聚居。这里有清澈透亮的瑶水流过。槐江山还是一位天神的居所，他的外形与牛很相像，但却有着八只脚、两个脑袋和马类的尾巴，他的叫声就像勃皇，他在哪里出现就预示着哪里即将发生战争。

昆仑之丘，实惟帝之下都，神陆吾司之。其神状虎身而九尾，人面而虎爪，是神也，司天之九部及帝之囿[1]时。有兽焉，其状如羊而四角，名曰土蝼（lóu），是食人。有鸟焉，其状如蜂，大如鸳鸯，名曰钦原，蠚（hē）[2]鸟兽则死，蠚木则枯。有鸟焉，其名曰鹑鸟，是司帝之百服。有木焉，其状如棠，黄华赤实，其味如李而无核，名曰沙棠，可以御水，食之使人不溺。有草焉，名曰蘋（pín）草[3]，其状如葵，其味如葱，食之已劳。

注释

①囿：古代帝王用来畜养禽兽的园林。

②蠚：毒虫咬、刺。

③蘋草：古草名。也称赖草，用于制作牲畜饲料。

译文

昆仑山是天帝在下界的都城，由天神陆吾负责掌管。陆吾身躯形似老虎，但却长有九条尾巴、人的面孔和老虎的爪子。他主管天上九域的领地和昆仑山苑圃的时令节气。昆仑山里有种野兽，样子和普通的羊很接近，但却长着四只角，它的名字叫土蝼，有吃人的习性。山中有一种鸟，外形像蜜蜂，大小与鸳鸯差不多，它的名字叫钦原。被钦原蜇过的鸟兽都会死去，蜇过的树木也会枯萎。这座山里还有一种鸟，名叫鹑鸟，它掌管天帝日常生活中的各种器物和服饰。山里还有一种树，形状像棠梨，开的花是黄色的，结的果实是红色的，果实味道很像李子，但是没有果核，名字叫沙棠，可以用它来预防水患，吃了它就能在水面漂浮而不沉。山里长着一种草，名字叫蘋草，它的形状很像葵菜，味道与葱差不多，吃了它就会忘记烦劳忧苦。

乐游之山，桃水出焉，西流注于稷泽，是多白玉。其中多鲭(huá)鱼，其状如蛇而四足，是食鱼。

译文

桃水从乐游山这里发源，向西流入稷泽，水底铺满了白玉。水里生活着许多鲭鱼，它们长着蛇的身子，但却有着四只脚，专门抓鱼吃。

嬴(luǒ)母之山，神长乘司之，是天之九德也。其神状如人而犳(zhuó)①尾。其上多玉，其下多青石而无水。

注释

①犳：形似豹，但没有花纹。

译文

嬴母山由代表天界九种美德的神灵长乘负责管理。这位山神长着人的身体和犳的尾巴。嬴母山上美玉遍布，山下青石很多，却没有水流。

玉山，是西王母所居也。西王母其状如人，豹尾虎齿而善啸，蓬发戴胜①，是司天之厉及五残②。有兽焉，其状如犬而豹文，其角如牛，其名曰狡（jiǎo），其音如吠犬，见则其国大穰。有鸟焉，其状如翟而赤，名曰胜遇，是食鱼，其音如录③，见则其国大水。

注释

①胜：古代一种玉制的首饰，类似发簪。

②厉及五残：厉，灾厉。五残，五刑残杀之事。

③录：叫声像鹿鸣。“录”通“鹿”。

译文

玉山是西王母居住的地方。西王母的样子与平常人差不多，但是长着豹子的尾巴和老虎的牙齿，常常发出吼叫声。她头发蓬松，头上戴着玉胜，主管的是上天的灾祸和五种刑罚残杀之气。玉山里有一种野兽，外形像狗，长着豹子那样的斑纹，头上的角则类似牛角，它的名字叫狡，发出的声音就像狗叫，它在哪个国家出现，哪个国家就会五谷丰登，喜迎丰收。山里还有一种鸟，外形和普通的野鸡没有什么区别，但是浑身上下都是红色的，它的名字叫胜遇，以鱼类为食，它的叫声就像是鹿鸣，它只要现身于世间，就预示着会有水灾发生。

长留之山，其神白帝少昊(hào)[①]居之。其兽皆文尾，其鸟皆文首。是多文玉石。实惟员神磈(wěi)氏之宫。是神也，主司反景[②]。

注释

①少昊：中国上古史的五帝之一，传说他是黄帝的儿子。

②反景：景，通“影”。指太阳反照。

译文

长留山是白帝少昊的统治区，所有野兽的尾巴都带有花纹，所有鸟儿的脑袋也带有花纹。这里遍地都是印有天然纹理的玉石。这座山其实是员神磈氏的宫殿，他掌管每天夕阳西下时的日光反照。

章莪(é)之山，无草木，多瑶碧。所为甚怪。有兽焉，其状如赤豹，五尾一角，其音如击石，其名曰狰(zhēng)。有鸟焉，其状如鹤，一足，赤文青质而白喙，名曰毕方，其鸣自叫也，见则其邑有讹(é)火[①]。

注释

①讹火：离奇的火灾。

译文

章莪山上草木不生，但盛产瑶和碧等美玉。这座山里怪异的东西有很多。有一种野兽，长得像红色的豹子，有五条尾巴和一只角，发出的吼叫如同敲击石头的声音，这个野兽的名字叫狰。还有一种鸟，外形如同鹤一般，但只有一只脚，浑身布满红色的斑纹，羽毛是青色的，嘴巴是白色的，它的名字叫毕方，它的鸣叫声就像是在呼喊自己的名字，只要它出现的地方就会发生怪异的火灾。

阴山，有兽焉，其状如狸而白首，名曰天狗，其音如榴榴①，可以御凶。

注释

①榴榴：拟声词。

译文

阴山里住着一种神奇的野兽，长得像野猫，但是脑袋雪白，它的名字叫天狗，会发出“榴榴”的叫声，养在身边能赶走霉运！

三危之山，三青鸟居之。是山也，广员百里。其上有兽焉，其状如牛，白身四角，其豪如披蓑(suō)①，其名曰傲㑩(ào yē)，是食人。有鸟焉，一首而三身，其状如鸈，其名曰鸱。

注释

①蓑：用草或棕毛编织的雨具，形状像斗篷。

译文

三危山是三青鸟的居所。这座山方圆有百里之大。山上有一种怪兽，长得像牛，浑身雪白，头上有四只角，身上的硬毛像披着蓑衣，名字叫獓狠，会吃人。还有种怪鸟，只有一个脑袋，但却有三个身子，长得神似鸈鸟，名字叫鸱。

騩（guī）山，其上多玉而无石。神耆童（qí tóng）①居之，其音常如钟磬（qìng）。其下多积蛇。

注释

①耆童：即老童，传说中颛顼帝的儿子，是掌管音乐的神仙。

译文

騩山上美玉遍布，没有普通的石头。神仙老童居住在这里，他的声音总是像敲击钟磬一样清脆悦耳。山下聚积着众多的蛇。

天山，有神焉，其状如黄囊（náng）①，赤如丹火，六足四翼，浑敦（dùn）无面目②，是识歌舞，实惟帝江③也。

注释

①黄囊：黄色的大口袋，这里形容神兽身体圆滚滚像布袋。

②浑敦无面目：浑敦即“混沌”，这里指没有眼睛鼻子等五官。

③帝江：又称“帝鸿”，上古神话中的混沌神兽。

译文

天山住着一位神灵，长得像黄色的大口袋，全身红得像燃烧的火焰，它长着六只脚、四只翅膀，圆滚滚的一团，也没有五官，但是却懂得欣赏歌舞，这就是传说中的神兽帝江。

泑山，神蓐（rù）收[①]居之。其上多婴脰（dòu）之玉[②]，其阳多瑾瑜之玉，其阴多青、雄黄。是山也，西望日之所入，其气员，神红光之所司也。

注释

①蓐收：秋神，掌管秋季和刑罚的神仙，人面虎爪，手持曲尺和斧头。

②婴脰之玉：可以作颈部装饰的玉石。婴，颈饰。脰，脖子。

译文

泑山是神仙蓐收的居处。山上有很多可以制作项链的玉石，南坡遍布精美的瑾瑜美玉，北坡多是石青、雄黄等矿物。站在这座山的山巅向西眺望，能看见太阳落山的地方，那里气象雄浑，这一景观由天神红光掌管。

上申之山，其鸟多当鳸（hù），其状如雉，以其髯（rán）①飞，食之不眴（shùn）目②。

注释

①髯：鸟类脖子下方的细长羽毛。

②眴目：眨眼，这里指吃了当鳸肉能治疗眼疾。

译文

上申山的鸟类多是当鳸鸟，外形神似野鸡，靠脖子下的细长髯毛飞行，吃了它的肉可以治疗眼疾。

刚山，是多神𩲅（chì）①，其状人面兽身，一足一手，其音如钦②。

注释

①𩲅：传说中的厉鬼。

②钦：通“吟”，打哈欠。

译文

刚山上住着很多神𩲅，它们的外表是人的面孔、野兽的身子，只有一只脚和一只手，发出的声音像是打哈欠。

英鞮（dī）之山，涴（yuān）水出焉，而北流注于陵羊之泽。是多冉遗之鱼，鱼身蛇首六足，其目如马耳，食之使人不眯①，可以御凶。

注释

①眯：指梦魇或睡眠不安。

译文

英鞮山是涴水的发源地，涴水从这里向北流入陵羊泽。水中有许多冉遗鱼，它们长着鱼的身子、蛇的脑袋和六条腿，眼睛则像马的耳朵，吃了它的肉就不会做噩梦，还能抵御灾祸。

中曲之山，有兽焉，其状如马，而白身黑尾，一角，虎牙爪，音如鼓，其名曰駮（bó），是食虎豹，可以御兵。有木焉，其状如棠，而员叶赤实，实大如木瓜，名曰櫰（guī）木，食之多力。

译文

中曲山有一种野兽，长得很像马，身子雪白，尾巴乌黑，头上长有独角，牙齿和爪子与老虎没有差别，叫声如同擂鼓，它的名字叫駮，能吃虎豹，养它可以抵御兵器伤害。还有一种奇树，形状像是棠梨，圆圆的叶子，红红的果实，果子有木瓜一般大小，名字叫櫰木，吃了会变得力大无穷。

邽（guī）山，其上有兽焉，其状如牛，猬（wèi）毛，名曰穷奇，音如嗥（háo）①狗，是食人。濛（méng）水出焉，南流注于洋水，其中多黄贝，蠃鱼，鱼身而鸟翼，音如鸳鸯，见则其邑大水。

注释

①嗥：野兽的吼叫。

译文

邽山之上有种野兽，长得像牛，浑身布满了刺猬般的硬毛，名字叫穷奇，它的叫声像是狗的嗥叫，有吃人的习性。濛水从这里发源，向南流入洋水，水中有很多黄色的贝壳和蠃鱼，这种鱼长着鱼的身子、鸟的翅膀，叫声类似鸳鸯，它出现的地方就会爆发大的洪灾。

鸟鼠同穴之山，其上多白虎、白玉。渭水出焉，而东流注于河。其中多鳋(sāo)鱼，其状如鳣(zhān)鱼①，动则其邑有大兵。滥水出于其西，西流注于汉水，多䰽(rú)魮(pí)之鱼，其状如覆铫(yáo)②，鸟首而鱼翼鱼尾，音如磬石之声，是生珠玉。

注释

①鳣鱼：即中华鲟，古代称鳣。 ②覆铫：倒扣的烧水壶。铫，有柄小锅。

译文

鸟鼠同穴山上有很多白虎和白玉。渭水从这里发源，向东流入黄河。水中生活着很多鳋鱼，长得很像鳣鱼，这种鱼一旦出现，就会引发当地的战争。滥水从这座山的西边发源，向西流入汉水，水中有许多神奇的鴽魮鱼，这种鱼长得就像倒扣的烧水壶，它有着鸟的头、鱼的鳍、鱼的尾巴，叫声像是在敲击磬石，它的体内能孕育珍珠美玉。

崦（yān）嵫（zī）之山，其上多丹木，其叶如穀（gǔ），其实大如瓜，赤符而黑理，食之已瘅（dàn）[1]，可以御火。其阳多龟，其阴多玉。苕水出焉，而西流注于海，其中多砥（dǐ）砺（lì）[2]。有兽焉，其状马身而鸟翼，人面蛇尾，是好举人，名曰孰（shú）湖。有鸟焉，其状如鸮而人面，蜼（wèi）[3]身犬尾，其名自号也，见则其邑大旱。

注释

①瘅：黄疸病。

②砥砺：细磨刀石和粗磨刀石。

③蜼：即长尾猿。

译文

崦嵫山上长满了丹木，这种树的叶子和构树叶较为相像，果实有瓜一般大小，红色的花萼，带有黑色的纹路，据说人吃了之后就能治疗黄疸病，还能防御火灾。山的南坡乌龟很多，山的北坡玉石遍布。苕水从这里发源，向西流入大海，水中铺满了砥砺石。山里有一种野兽，长着马的身子、鸟的翅膀、人的面孔、蛇的尾巴，喜欢把人举得高高的，名字叫孰湖。还有一种怪鸟，长得类似猫头鹰，却有着人的脸、猿猴的身子、狗的尾巴，它的名字就是它的叫声，一旦它出现在世间，就预示着那个地方必定会有大旱。

卷三·北山经

求如之山，滑水出焉，而西流注于诸𣯛之水。其中多滑鱼，其状如鱓[①]，赤背，其音如梧[②]，食之已疣[③]。其中多水马，其状如马，而文臂牛尾，其音如呼。

注释

①鱓：即鳝鱼。

②梧：指琴声（梧桐木制琴最佳）。

③疣：皮肤上突起的小肉瘤。

译文

求如山是滑水的发源地，滑水从这里向西流入诸𣯛河。水中有很多滑鱼，长得像鳝鱼却有着红色的脊背，叫声有如琴音，吃了它能治疗皮肤疣。水里还有许多水马，长得类似平常的马，只是前腿有花纹，尾巴像牛尾，叫声像是人在呼喊。

带山，有兽焉，其状如马，一角有错[①]，其名曰䑏疏，可以辟火。有鸟焉，其状如乌，五采而赤文，名曰鵸䳜，是自为牝牡[②]，食之不疽[③]。彭水出焉，而西流注于芘湖之水，其中多儵（tiáo）鱼④，其状如鸡而赤毛，三尾、六足、四目，其音如鹊，食之可以已忧。

注释

①错：磨刀石。
②牝牡：雌雄。
③疽：毒疮。
④儵鱼：儵，通“鲦”，指白鲦鱼。

译文

带山有一种野兽，外形酷似马，长有一只磨刀石般的角，名叫䑏疏，养它可以避开火灾。还有一种怪鸟，形似乌鸦，五彩斑斓中带着红色的花纹，名字叫鵸鵌，它雌雄一体，吃了它的肉不会长毒疮。彭水从这里发源，向西流入芘湖，水中有许多儵鱼，长得神似野鸡，但羽毛是红色，有三条尾巴、六条腿、四只眼睛，叫声很像喜鹊，吃了它的肉能消除忧愁。

谯（qiáo）明之山，谯水出焉，西流注于河。其中多何罗之鱼，一首而十身，其音如吠犬，食之已痈①。有兽焉，其状如貆（huán）②而赤毫，其音如榴榴③，名曰孟槐，可以御凶。

注释

①痈：毒疮。
②貆：豪猪。
③榴榴：拟声词，形容野兽的叫声。

译文

谯明山是谯水的发源地，谯水从这里向西流入黄河。水中有众多的何罗鱼，这种鱼长着一个脑袋、十个身子，叫声犹如狗吠，吃了它能治疗毒疮。山里有一种野兽，长得很像豪猪，但却有着红色的毛发，叫声近似“榴榴”的声音，它的名字叫孟槐，养它可以抵御灾祸。

涿(zhuō)光之山，嚣(xiāo)水出焉，而西流注于河。其中多鳛(xí)鳛之鱼，其状如鹊而十翼，鳞皆在羽端，其音如鹊，可以御火，食之不瘅①。其上多松柏，其下多棕橿，其兽多麢(líng)羊②，其鸟多蕃(fán)③。

注释

①瘅：通“疸”，即黄疸病。

②麢羊：即羚羊。

③蕃：某种鸟类的名字。

译文

涿光山是嚣水的发源地，器水从这里向西流入黄河。水中有很多鳛鳛鱼，长得神似喜鹊，但却有十对翅膀，鳞片生在羽毛尖上，叫声很像喜鹊，养它可以防火，吃它的肉就不会生黄疸病。涿光山上松树和柏树众多，山下棕榈和橿树众多，山里的野兽多是羚羊，鸟类多是蕃鸟。

虢(guó)山，其兽多橐驼①，其鸟多寓②，状如鼠而鸟翼，其音如羊，可以御兵。

注释

①橐驼：骆驼的古称。　　②寓：蝙蝠类的飞兽。

译文

虢山里的野兽大多是骆驼，鸟类大多是寓鸟，这种鸟长得酷似老鼠，但却有着鸟类的翅膀，叫声似羊叫，养它可以防御兵器伤害。

丹熏之山，有兽焉，其状如鼠，而菟(tù)①首麋耳，其音如嗥犬，以其尾飞，名曰耳鼠，食之不睬(cài)②，又可以御百毒。

注释

①菟：通“兔”，即兔子。

②睬：肚子鼓胀。

译文

丹熏山里有一种野兽，外形神似老鼠，长着兔子一般的脑袋和麋鹿一般的耳朵，它的声音听起来像是狗叫，可以用尾巴飞行，这种野兽的名字叫耳鼠，人如果吃了它的肉就不会得腹胀病，还可以百毒不侵。

石者之山，有兽焉，其状如豹，而文题[1]白身，名曰孟极，是善伏，其鸣自呼。

注释

①文题：额头有花纹。题，额头

译文

石者山里有一种野兽，长得如同豹子，额头带有花纹、身子通体雪白，它的名字叫孟极，很擅长潜伏，它的叫声就是自己的名字。

边春之山，有兽焉，其状如禺而文身，善笑，见人则卧[1]，名曰幽鴳（è），其鸣自呼。

注释

①卧：假装睡觉。

译文

边春山里有一种怪兽，长得酷似猿猴，全身布满了花纹，喜欢发出笑声，见到人就会躺下装睡，它的名字叫幽鴳，它的叫声就是自己的名字。

蔓联之山，有兽焉，其状如禺而有鬣，牛尾、文臂、马蹄，见人则呼，名曰足訾（zī）[1]，其鸣自呼。

有鸟焉，群居而朋飞，其毛如雌雉，名曰䴔，其鸣自呼，食之已风。

注释

①足訾：神话中的四不像神兽。

译文

蔓联山里有种野兽，外貌神似猿猴却又生有鬃毛，长着牛类的尾巴、带有花纹的前腿和马类的蹄子，见到人就大声叫喊，它的名字叫足訾，它的叫声就是自己的名字。还有一种怪鸟，喜欢成群结队地飞行，羽毛神似雌性的野鸡，名字叫䴔，它的叫声也是自己的名字，吃了它的肉能治疗风湿病。

单张之山，有兽焉，其状如豹而长尾，人首而牛耳，一目，名曰诸犍(jiān)，善吒(zhà)①，行则衔其尾，居则蟠(pán)②其尾。有鸟焉，其状如雉，而文首、白翼、黄足，名曰白䴏(yè)，食之已嗌(yì)痛③，可以已痸(chì)④。

注释

①吒：吼叫。

②蟠：盘绕。

③嗌痛：咽喉疼痛。

④痸：古代指癫痫或痴病。

译文

单张山里有种奇特的野兽，状如豹子却拖着长长的尾巴，有着人的脑袋和牛的耳朵，只有一只眼睛，它的名字叫诸犍。它喜欢大声地吼叫，走路时总是叼着自己的尾巴，休息时就盘起自己的尾巴。这里还有种怪鸟，外形像野鸡，却长着带花纹的脑袋、白色的翅膀和黄色的爪子，名字叫白䳄。吃了它的肉能缓解喉痛，还能治疗癫痫。

灌题之山，有兽焉，其状如牛而白尾，其音如訆，名曰那父。有鸟焉，其状如雌雉而人面，见人则跃，名曰竦(sǒng)斯，其鸣自呼也。

译文

灌题山里有种奇特的野兽，外形像牛却长着白色的尾巴，叫声像人在大声喊叫，名字叫那父。这里还有一种怪鸟，长得像雌性野鸡却又有人一样的脸，见到人类就蹦跳着逃走，它的名字叫竦斯，它的叫声就像是在喊自己的名字。

潘侯之山，有兽焉，其状如牛，而四节生毛，名曰旄(máo)牛。

译文

潘侯山里有种野兽，样貌似牛，但四肢关节处却长有长毛，名字叫旄牛。

大咸之山，有蛇名曰长蛇，其毛如彘豪，其音如鼓柝（tuò）①。

注释

①鼓柝：敲打梆子的声音。柝是古代打更用的木梆子。

译文

大咸山里有种蛇叫长蛇，身上的毛像猪鬃一样硬，发出的声音像是在敲打木梆。

少咸之山，有兽焉，其状如牛，而赤身、人面、马足，名曰窫窳（yà yǔ），其音如婴儿，是食人。敦水出焉，东流注于雁门之水，其中多𩵼𩵼（bèi）之鱼，食之杀人。

译文

少咸山里有种怪兽，外形似牛，长着红色的身体、人一样的面孔和马一样的脚，它的名字叫窫窳，它的叫声像是婴儿在啼哭，它有吃人的习性。敦水从这里发源，向东流入雁门水，水里有好多𩵼𩵼鱼，人要是吃了这种鱼就会中毒而死。

狱法之山，瀤（huái）泽之水出焉，而东北流注于泰泽。其中多鱳（zǎo）鱼，其状如鲤而鸡足，食之已疣。有兽焉，其状如犬而人面，善投，见人则笑，其名曰山𤟤（huī），其行如风，见则天下大风。

译文

狱法山是瀤泽的发源地，瀤泽从这里向东北流入泰泽。水里有很多鱳鱼，这种鱼样子神似鲤鱼，但却长着鸡的爪子，吃了这种鱼能治疗瘊子。山里还有一种野兽，样貌如狗，但又有着人的脸，很擅长投掷，看见人就笑，它的名字叫山𤟤，跑起来像风一样快，它一出现就会狂风大作。

北岳之山，有兽焉，其状如牛，而四角、人目、彘耳，其名曰诸怀，其音如鸣雁，是食人。诸怀之水出焉，而西流注于嚣水。其中多鮨(yì)鱼，鱼身而犬首，其音如婴儿，食之已狂。

译文

北岳山里有一种野兽，外形像牛，但长有四只角、人的眼睛和猪的耳朵，名字叫诸怀。它的叫声和大雁一样，它有吃人的习性。诸怀水从这座山发源，向西流入嚣水。水中有很多鮨鱼，这种鱼长着鱼的身体、狗的脑袋，叫声犹如婴儿的啼哭，吃了它的肉能治好疯癫。

浑夕之山，有蛇一首两身，名曰肥遗，见则其国大旱。

译文

浑夕山里有一种怪蛇，它长着一只脑袋和两条身躯，名字叫肥遗。据说只要它一出现，那个国家就会发生大旱灾。

隄(dī)山，有兽焉，其状如豹而文首，名曰狕(yǎo)。隄水出焉，而东流注于泰泽，其中多龙龟。

译文

隄山里有一种野兽，外形神似豹子，但头上有花纹，名字叫作狕。隄水从这里发源，向东流入泰泽，水中有很多龙龟。

县雍之山，晋水出焉，而东南流注于汾水。其中多鮆(jì)鱼，其状如儵而赤麟，其音如叱，食之不骚①。

注释

①骚：指狐臭之类的怪味。

译文

晋水从县雍发源，之后向东南流淌注入汾水。晋水中生活着许多鮆鱼，身形类似儵鱼，长有红色的鳞甲，它的叫声像是人在大声地斥骂，如果吃了它的肉就不会有体臭。

敦头之山，其中多騲(bó)马，牛尾而白身，一角，其音如呼。

译文

敦头山里有很多騲马，它长着牛的尾巴、白色的躯体，头上有一只角，叫声如同人在呼叫。

钩吾之山，有兽焉，其状羊身人面，其目在腋下，虎齿人爪，其音如婴儿，名曰狍(páo)鸮，是食人。

译文

钩吾山里有一种野兽，身形似羊，长着人一样的面孔，眼睛在腋下，有着老虎的牙齿和人的指甲，叫声好像婴儿的啼哭，它的名字叫作狍鸮，能吃人。

北嚣之山，有兽焉，其状如虎，而白身犬首，马尾彘鬣，名曰独狢(yù)。有鸟焉，其状如乌，人面，名曰鸴鶌(pánmào)，宵飞而昼伏，食之已暍(yē)①。

注释

①暍：意为中暑。

译文

北嚣山里有一种野兽，外形酷似老虎，有着白色的身体，狗一样的脑袋，马一样的尾巴，脖子上还有硬硬的鬃毛，它的名字叫独狢。山里还有一种鸟，外形神似乌鸦，长着人的面孔，名字叫鸄鶋，它经常在夜间活动而白天休息，吃了它的肉就可以避免中暑。

梁渠之山，其兽多居暨（jì），其状如彙（huì）①而赤毛，其音如豚。有鸟焉，其状如夸父，四翼、一目、犬尾，名曰嚻，其音如鹊，食之已腹痛，可以止衕（dòng）②。

注释

①彙：指刺猬。　　②衕：指腹泻、拉肚子。

译文

梁渠山里的野兽大多是居暨，它们的外表很像刺猬，但浑身长满了红毛，叫声犹如小猪。还有一种怪鸟，外形神似夸父，长有四只翅膀、一只眼睛和狗类的尾巴，名字叫作嚻。它的叫声像极了喜鹊，吃了它的肉可以医治腹痛，还能止泻。

归山，有兽焉，其状如麢羊而四角，马尾而有距，其名曰驒（hún），善还（xuán）①，其名自訆。有鸟焉，其状如鹊，白身、赤尾、六足，其名曰鵸（bēn），是善惊，其鸣自詨。

注释

①还：通“旋”，指旋转、回旋。

译文

归山里有种野兽，外形很像麢羊，但长着四只角，还有马一样的尾巴和鸡一样的爪子，名字叫作驿，它很擅长旋转，叫声就像是在喊自己的名字。归山里有一种鸟，外形像极了喜鹊，身体是白色的，尾巴是红色的，长有六只脚，名字叫作鷾，这种鸟特别警觉，它的叫声就是自己名字的发音。

龙侯之山，决决之水出焉，而东流注于河。其中多人鱼，其状如鳀（tí）鱼，四足，其音如婴儿，食之无痴疾[①]。

注释

①痴疾：指痴呆、智力低下的病。

译文

决决水发源于龙侯山，向东流入黄河。水里生活着很多人鱼，它们的样子有如四脚的鳀鱼，叫声像是婴儿的哭声。如果吃了它的肉，人就不会得痴病。

马成之山，有兽焉，其状如白犬而黑头，见人则飞，其名曰天马，其鸣自訆。有鸟焉，其状如乌，首白而身青、足黄，是名曰鶌鶋(qū jū)，其鸣自詨，食之不饥，可以已寓[①]。

注释

①寓：疾病名，有说是健忘症，也有说是疣病。

译文

马成山上有一种神奇的野兽，长得像白色的大狗，但脑袋是黑色的。它一看到人就会飞起来，名字叫天马，它的叫声就像是在喊自己的名字。马成山上还有一种怪鸟，样子酷似乌鸦，但脑袋是白色的，身体是青色的，脚是黄色的，名字叫鶌鶋，它的叫声也像是在喊自己的名字。吃了它的肉就不会觉得饿，还能治好健忘症。

咸山，条菅之水出焉，而西南流注于长泽。其中多器酸[①]，三岁一成，食之已疠。

注释

①器酸：一种味酸的食物。

译文

条菅水发源于咸山，向西南流入长泽。水里产出许多器酸，它们要三年才能长成，吃了能治好皮肤病。

天池之山，有兽焉，其状如兔而鼠首，以其背飞，其名曰飞鼠。渑(shéng)水出焉，潜于其下，其中多黄垩(è)①。

注释

①黄垩：黄土。

译文

天池山里住着一种神奇的野兽，长得很像兔子，但却有着老鼠的脑袋，能用背上的皮毛滑翔飞行，名字叫飞鼠。渑水从这里发源，悄悄潜流入山，附近的水里多是黄土。

阳山，有兽焉，其状如牛而赤尾，其颈䝯(shèn)①，其状如句瞿②，其名曰领胡，其鸣自詨，食之已狂。有鸟焉，其状如雌雉，而五采以文，是自为牝牡，名曰象蛇，其鸣自詨。留水出焉，而南流注于河。其中有䱻父之鱼，其状如鲋鱼，鱼首而彘身，食之已呕。

注释

①颈䝯：脖子上的肉瘤。　②句瞿：指斗，一种量器。

译文

阳山上生活着一种野兽，外形像牛，尾巴是红色的，脖子上长着斗状的肉瘤，它的名字叫领胡，它的叫声就是自己的名字，吃了它的肉能治愈癫狂症。山里还有一种鸟，形似雌性的野鸡，羽毛上有五色花纹。这种鸟雄雌同体，它的名字叫象蛇，它的叫声也是自己的名字。留水就是从这座山发源，之后向南流注入黄河。水里生长着许多䱻父鱼，形状很像鲫鱼，有着鱼的脑袋和猪的身子，吃了它可以治疗呕吐。

景山，有鸟焉，其状如蛇，而四翼、六目、三足，名曰酸与，其鸣自詨，见则其邑有恐。

译文

景山里有一种鸟，长得很像蛇，有四只翅膀、六只眼睛和三只脚，这种鸟的名字叫酸与，它的叫声就是自己名字的发音，只要它一出现就会有恐怖的事情发生。

小侯之山，有鸟焉，其状如乌而白文，名曰鴸鹠(xí)，食之不濋(jiào)①。

注释

①濋：眼睛昏花。

译文

小侯山上有一种鸟，身形酷似乌鸦，身上有白色的斑纹，它的名字叫鴸鹠，人吃了它的肉，就可以治愈眼睛昏花的毛病。

乾山，有兽焉，其状如牛而三足，其名曰獂（huán），其鸣自詨。

译文

乾山里有一种野兽，样子像牛，但有三条腿，名字叫獂，它的叫声就像是在喊自己的名字。

伦山，有兽焉，其状如麋，其州①在尾上，其名曰罴（pí）九。

注释

①州：肛门。

译文

伦山里有一种野兽，样子神似麋鹿，但它的肛门长在尾巴上，名字叫罴九。

轩辕之山，有鸟焉，其状如枭而白首，其名曰黄鸟，其鸣自詨，食之不妒。

译文

轩辕山里有一种奇特的鸟，长得像猫头鹰，但是又有白色的脑袋，名字叫黄鸟。它的叫声像是在喊自己名字，据说吃了它的肉就不会心生嫉妒。

发鸠之山，其上多柘(zhè)木①。有鸟焉，其状如乌，文首、白喙、赤足，名曰精卫，其鸣自詨。是炎帝之少女，名曰女娃。女娃游于东海，溺而不返，故为精卫，常衔西山之木石，以堙(yīn)②于东海。

注释

①柘木：桑树的一种，叶子可养蚕。

②堙：填塞。

译文

发鸠山上长满了柘树。山里住着一种神奇的小鸟，长得神似乌鸦，有着布满花纹的脑袋、白色的嘴巴和红色的爪子，名字叫精卫，它的叫声就像是在喊自己名字。传说她是炎帝的小女儿女娃的化身。女娃在东海游玩时不幸溺水身亡，化作精卫鸟，常常叼着西山的树枝和石块，想要填平东海。

泰戏之山，有兽焉，其状如羊，一角一目，目在耳后，其名曰䍶(dòng)䍶，其鸣自訆。

译文

泰戏山里有一种野兽，外形与羊相似，却只有一只角和一只眼睛，并且眼睛还长在耳后，名字叫䍶䍶，它的叫声就是自己名字的发音。

卷四·东山经

sù zhū
樕䗥之山，食水出焉，而东北流注于海。其中多鳙（yōng）鳙之鱼，其状如犁牛，其音如彘鸣。

译文

食水从樕䗥山发源，向东北方向流淌，最后注入大海。水里有很多鳙鳙鱼，它们的样子很像犁牛，叫声如同猪嚎。

栒（xún）状之山，有兽焉，其状如犬，六足，其名曰从从，其鸣自詨。有鸟焉，其状如鸡而鼠毛，其名曰䖪（zī）鼠，见则其邑大旱。沢（zhǐ）水出焉，而北流注于湖水。其中多箴（zhēn）鱼，其状如儵，其喙如箴，食之无疫疾。

译文

栒状山里有一种野兽，外形像狗，但有六只脚，名字叫从从，它的叫声像是在喊自己的名字。山里还有一种鸟，形状像鸡，但又长着老鼠一般的皮毛，名字叫䖪鼠，只要它出现的地方就会有大规模的旱灾发生。汈河从这里发源，向北流注入湖水。水中有很多箴鱼，形状与儵鱼很类似，嘴巴像针，吃了它就不会患上瘟疫。

犲[1]山，有兽焉，其状如夸父而彘毛，其音如呼，见则天下大水。

注释

①犲：通“豺”，指豺狗，这里是山名。

译文

犲山里有一种野兽，它的外形很像夸父，但长着野猪一样的毛，叫声像是人在呼喊。如果这种野兽出现，天下就会洪水泛滥。

独山，末涂之水出焉，而东南流注于沔，其中多偹(tiáo)螗[1]，其状如黄蛇，鱼翼，出入有光，见则其邑大旱。

注释

①偹螗：生物名。

译文

末涂河从独山这里发源，向东南流去，最后流入沔水。水中有一种叫倏蛹的生物，它的外形很像黄色的蛇，但是有着鱼的鳍，出入时会发出光亮。如果这种生物出现，当地就会有大规模的旱灾发生。

泰山，有兽焉，其状如豚而有珠，名曰狪狪（tóng），其鸣自訆。环水出焉，东流注于汶，其中多水玉。

译文

泰山有一种野兽，它的外形像猪，但体内长有珠子，名字叫狪狪，它的叫声像是在喊自己的名字。环水从这里发源，向东流去，最后流入汶水。河里有很多水晶。

空桑之山，有兽焉，其状如牛而虎文，其音如钦①，其名曰軨軨（líng），其鸣自叫，见则天下大水。

注释

①钦：通“吟”，低声呻吟。

译文

空桑山有一种野兽，它的样子与牛很相像，但身上有着老虎一样的斑纹，叫声像是低低的呻吟，名字叫軨軨。它的叫声像是在叫自己的名字，如果这种怪兽出现在世间，就会引发大洪水。

葛山之首，无草木。澧(lǐ)水出焉，东流注于余泽，其中多珠鳖鱼，其状如肺(fèi)而四目，六足有珠，其味酸甘，食之无疠。

译文

葛山的起点处草木不生。澧水发源于这里，向东流去，最后注入余泽，水里有很多珠鳖鱼。这种鱼长得很像肺鱼，有四只眼睛，六条腿，体内长有珍珠，味道又酸又甜，吃了它不会患皮肤病。

余峨之山，有兽焉，其状如菟而鸟喙，鸱目蛇尾，见人则眠①，名曰犰(qiú)狳(yú)，其鸣自訆，见则螽(zhōng)蝗为败。

注释

①眠：这里指装死。

译文

余峨之山有一种怪兽，它的样子像兔子，但嘴巴又像鸟的喙，还长着猫头鹰一样的眼睛、蛇一样的尾巴，看到人就装死，名字叫犰狳。它的叫声像是在喊自己的名字，如果这种怪兽出现，就会蝗虫成灾，收成大败。

耿山，有兽焉，其状如狐而鱼翼，其名曰朱獳(rú)，其鸣自訆，见则其国有恐。

译文

耿山有一种野兽，它的样子像极了狐狸，却又有着鱼一样的鳍，名字叫朱獳。它的叫声像在喊自己的名字，一旦它现身于某个国度，就会有恐怖的灾难发生。

卢其之山，沙水出焉，南流注于涔(cén)水。其中多鵹(lí)鹕(hú)，其状如鸳鸯而人足，其鸣自訆，见则其国多土功。

译文

沙水发源于卢其山，之后向南流淌注入涔水。附近的水里有很多鵹鹕，它的外形神似鸳鸯，却长着人一样的脚，它的叫声就是自己名字的发音。这种鸟在哪个国家出现，哪个国家就会大兴土木而导致劳役繁重。

姑逢之山，有兽焉，其状如狐而有翼，其音如鸿雁，其名曰獙(bì)獙，见则天下大旱。

译文

姑逢山里有一种野兽，样貌很像狐狸，但身上却有翅膀，叫声类似鸿雁，它的名字叫獙獙，一旦出现就预示着天下会发生大的旱灾。

凫丽之山，有兽焉，其状如狐而九尾、九首、虎爪，名曰蠪（lóng）蛭（zhì），其音如婴儿，是食人。

译文

凫丽山里有一种野兽，身形很像狐狸，有九条尾巴、九个脑袋和像老虎的爪子，它的名字叫蠪蛭，它的叫声类似婴儿的啼哭声，能吃人。

硾（zhēn）山，有兽焉，其状如马而羊目、四角、牛尾，其音如嗥狗，其名曰峳（yóu）峳，见则其国多狡客[①]。有鸟焉，其状如凫而鼠尾，善登木，其名曰絜（xié）钩，见则其国多疫。

注释

①狡客：指狡猾的人。

译文

硾山有一种野兽，外形像马，却长着羊的眼睛、四只犄角和牛的尾巴，它的叫声和狗类似，名字叫峳峳，这个野兽在哪个国家出现，哪个国家里就会聚集着许多狡猾之徒。山里还有一种鸟，外形很像野鸭子，却长着老鼠的尾巴，擅长爬树，它的名字叫絜钩，它在哪个国家出现，哪个国家就会频繁地爆发瘟疫。

尸胡之山，有兽焉，其状如麋而鱼目，名曰妴(wǎn)胡，其鸣自訆。

译文

尸胡山有一种野兽，长得很像麋鹿，有一双鱼的眼睛，名字叫妴胡，它的叫声就是自己名字的发音。

跂踵(qǐ zhǒng)之山，有水焉，广员四十里皆涌，其名曰深泽，其中多蠵(xī)龟。有鱼焉，其状如鲤，而六足鸟尾，名曰鮯(gé)鮯之鱼，其鸣自訆。

译文

跂踵山有一片水域，方圆有四十里，水从地下涌出，名字叫深泽，水中有很多蠵龟。这里还有一种鱼，它的形状与鲤鱼比较相像，但是有六条腿，以及像鸟一样的尾巴，名字叫鮯鮯鱼，它的叫声像是在叫自己的名字。

踇(mǔ)隅(yú)之山，有兽焉，其状如牛而马尾，名曰精精，其鸣自訆。

译文

踇隅山有一种野兽，形状似牛，但尾巴像马，名字叫精精，它的叫声像是在叫自己的名字。

北号之山，临于北海。有木焉，其状如杨，赤华，其实如枣而无核，其味酸甘，食之不疟。食水出焉，而东北流注于海。有兽焉，其状如狼，赤首鼠目，其音如豚，名曰獦(gé)狚(dàn)，是食人。有鸟焉，其状如鸡而白首，鼠足而虎爪，其名曰鬿(qí)雀，亦食人。

译文

北号山靠近北海。山上有一种树，形似杨树，花是红色的，果实像枣但没有核，味道又酸又甜，吃了不会得疟疾。食水从这里发源，向东北流入大海。山上还有一种野兽，外形像狼，头是红色的，眼睛像老鼠，叫声像猪，名字叫獦狚，会吃人。还有一种鸟，外形像鸡，头是白色的，脚像老鼠，爪子像老虎，名字叫鬿雀，也会吃人。

东始之山，上多苍玉。有木焉，其状如杨而赤理，其汁如血，不实，其名曰芑(qǐ)，可以服马。泚水出焉，而东北流注于海，其中多美贝，多茈(zǐ)鱼，其状如鲋(fù)，一首而十身，其臭如蘪芜(mí wú)[①]，食之不糒(pì)[②]。

注释

①蘪芜：即蘼芜，一种香草。 ②糒：意思是屁，这里指吃了茈鱼后不会放屁。

译文

东始山盛产青色的玉石。山上有一种树，形似杨树，但纹理是红色的，树汁像血一样，不结果实，名字叫芑，可以用它的汁液来驯服马。泚水从这里发源，向东北流入大海。水中有很多美丽的贝壳，还有很多茈鱼，它的外表很像鲋鱼，虽然只有一个头，但是却有十个身体，它浑身散发出的气味很像蘪芜草，吃了它就不会放屁。

女烝(zhēng)之山，其上无草木。石膏水出焉，而西注于鬲(gé)水，其中多薄鱼，其状如鳣鱼而一目，其音如欧[①]，见则天下大旱。

注释

①欧：通“呕”，呕吐。

译文

女烝山上草木不生。石膏水从这里发源，向西流入鬲水。水中有很多薄鱼，它们的形状很像鳣鱼，但只有一只眼睛，叫声像是在呕吐。如果这种鱼出现，就预示着天下会有大的旱灾。

钦山，有兽焉，其状如豚而有牙，其名曰当康，其鸣自叫，见则天下大穰。

译文

钦山有一种野兽，外形似猪，但长有獠牙，它的名字叫当康。它的叫声像是在喊自己的名字，当它出现时，天下就会喜获大丰收。

子桐之山，子桐之水出焉，而西流注于余如之泽。其中多鳎（huá）鱼，其状如鱼而鸟翼，出入有光，其音如鸳鸯，见则天下大旱。

译文

子桐水发源于子桐山，向西流入余如大泽。水中有很多鳎鱼，它们的形状虽然像鱼，但却长着鸟的翅膀，当它们从水中出入时会发出亮光，叫声像极了鸳鸯。如果这种鱼出现，天下就会发生大的旱灾。

shàn
剡山，多金玉。有兽焉，其状如彘而人面，黄身而赤尾，其名曰合窳（yǔ），其音如婴儿。是兽也，食人，亦食虫蛇，见则天下大水。

译文

剡山蕴藏着丰富的金属矿和玉石。山里有一种野兽，它的样子很像猪，但又长着人的面孔。它的身体是黄色的，尾巴是红色的。这种野兽的名字叫合窳，它的叫声像是婴儿在啼哭。合窳不仅会吃人，还会吃虫子和蛇。它一旦出现在世间，就会爆发大的洪灾。

太山，有兽焉，其状如牛而白首，一目而蛇尾，其名曰蜚（fēi），行水则竭，行草则死，见则天下大疫。

译文

太山有一种野兽，它的样子像牛，但头是白色的，只有一只眼睛，尾巴像蛇。这种野兽的名字叫作蜚。只要它走过的地方，水就会干涸，草就会枯死。一旦它现身世间，就会爆发大的瘟疫。

卷五·中山经

甘枣之山，其下有草焉，葵本而杏叶，黄华而荚实，名曰箨(tuò)，可以已瞢(méng)①。有兽焉，其状如䖵(dú)鼠而文题，其名曰𧹞(nuó)，食之已瘿(yǐng)②。

注释

①瞢：指眼睛看不清这类的病症。 ②瘿：囊状肿瘤。

译文

甘枣山下有一种草，草根和葵菜一样，叶子和杏树一样，开黄色的花，结豆荚般的果实，这种草的名字叫作箨，吃了它可以治疗眼花。山里还有一种野兽，外形像䖵鼠，脑袋上有花纹，名字叫作𧹞，吃了它能治好肿瘤。

历儿之山，其上多橿，多枥(lì)木，是木也，方茎而员叶，黄华而毛，其实如楝(liàn)，服之不忘。

译文

历儿山上长满了橿树和枥木。枥木非常特别：茎干是方形的，叶子却是圆圆的，开着带绒毛的黄花，结出的果实像楝树的果子，据说吃了能让人记忆力超群。

渠猪之山，其上多竹。渠猪之水出焉，而南流注于河。其中是多豪鱼，状如鲔（wěi），赤喙尾赤羽，可以已白癣。

译文

渠猪山上长着很多竹子。从这座山里流出了一条河，叫渠猪水，它向南流淌注入了黄河。这条河里有很多豪鱼，它们与鲔鱼颇为相像，有着红色的嘴、红色的尾巴和红色的鳍。这种鱼可以用来治疗白癣病。

脱扈（hù）之山，有草焉，其状如葵叶而赤华荚实，实如棕荚，名曰植楮（chǔ），可以已癙（shǔ）①，食之不眯。

注释

①癙：人和动物因为外伤或脓肿引起的疾病。

译文

脱扈山上生长着一种草，它的叶子与葵菜较为相似，开红色的花，结豆荚一样的果实，看起来很像是棕树果。这种草的名字叫做植楮，可以用来治疗癙病，吃了它也不会做噩梦。

金星之山，多天婴①，其状如龙骨，可以已痤(cuó)②。

注释

①天婴：植物名。　　②痤：痤疮。

译文

金星山上有很多天婴，它的形状很像龙骨，可以用来治疗痤疮。

牛首之山，有草焉，名曰鬼草，其叶如葵而赤茎，其秀①如禾，服之不忧。劳水出焉，而西流注于潏(jué)水。是多飞鱼，其状如鲋鱼，食之已痔衕(dòng)②。

注释

①秀：谷类植物的花朵。　　②痔衕：即痔疮。

译文

牛首山有一种草，叫作鬼草，它的叶子类似葵菜，茎是红色的，开的花很像禾穗，吃了它就不会感到忧愁。劳水从这里发源，向西流入潏水。这里有很多飞鱼，形状很像鲋鱼，吃了它可以治疗痔疮。

霍山，其木多榖。有兽焉，其状如狸，而白尾有鬣，名曰朏(fěi)朏，养之可以已忧。

译文

霍山上的树木大多是榖树。山里有一种野兽，外形很像狸猫，尾巴是白色的，还有鬣毛，名字叫朏朏，养它可以消除忧愁。

阴山，多砺石、文石。少水出焉，其中多雕棠，其叶如榆叶而方，其实如赤菽（shū）①，食之已聋。

注释

①赤菽：红色的豆子。

译文

阴山盛产磨刀石和花纹石。少水从这里发源，水边生长着很多雕棠树，它的叶子很像榆树，但形状是方的，果实像红色的豆子，吃了它可以治疗耳聋。

鼓镫(dēng)之山，多赤铜。有草焉，名曰荣草，其叶如柳，其本如鸡卵，食之已风。

译文

鼓镫山盛产红铜。山中长着有一种草，名叫荣草，这种草的叶子和柳叶很相像，根茎如鸡蛋，吃了能治风痹病。

鲜山，多金玉，无草木。鲜水出焉，而北流注于伊水。其中多鸣蛇，其状如蛇而四翼，其音如磬(qìng)①，见②则其邑大旱。

注释

①磬：一种古代乐器。 ②见：通“现”，出现。

译文

鲜山上有很多金属和玉石，但不生草木。鲜水从这里发源，向北流入伊水。水中有很多鸣蛇，它们的样子虽然很像蛇，但又长有四只翅膀，发出的声音像是在击磬。如果鸣蛇出现，就会发生大的旱灾。

阳山，多石，无草木。阳水出焉，而北流注于伊水。其中多化蛇，其状如人面而豺身，鸟翼而蛇行，其音如叱(chì)呼，见则其邑大水。

译文

阳山遍地都是岩石，不长草木。阳水从山中流出，向北注入伊水。水里有种叫作化蛇的怪物，长着人的脸、豺狼的身躯、鸟的翅膀，爬行也如蛇一般，发出的嘶鸣像是人在怒斥，只要它一出现就会引发大洪水。

昆吾之山，其上多赤铜。有兽焉，其状如彘而有角，其音如号，名曰蠪蚳，食之不眯。

译文

昆吾山上有很多赤铜。山里有一种野兽，它的样子很像猪，但是长有角，发出的声音像是在号叫，名字叫蠪蚳。吃了它的肉可以让人不做噩梦。

葌(jiān)山，有木焉，其状如棠而赤叶，名曰芒草，可以毒鱼。

译文

葌山有一种树，它的样子很像棠树，但是叶子是红色的，名字叫芒草。这种草可以用来毒杀鱼类。

蔓渠之山，有兽焉，其名曰马腹，其状如人而虎身，其音如婴儿，是食人。

译文

蔓渠山中藏着一种野兽，它叫作马腹，长着人的脸、老虎的身体，叫声像是婴儿在啼哭，会吃人。

敖岸之山，其阳多㻬琈之玉，其阴多赭、黄金。神熏池居之。是常出美玉。北望河林，其状如茜如举[1]。有兽焉，其状如白鹿而四角，名曰夫诸，见则其邑大水。

注释

①如茜如举：像茜草榉木的样子。

译文

敖岸山的南面有很多瑶琈良玉，北面有很多赭石和黄金。神仙熏池居住在这里。这里经常出产美玉。从山顶向北望去，可以看到奔腾的黄河和葱茏的树丛，它们就像茜草和榉木。山里有一种野兽，它的样貌很像白鹿，但有四只角，名字叫夫诸。如果夫诸出现，就会爆发大的水灾。

青要之山，实惟帝之密都。是多驾鸟。南望墠（shàn）渚，禹父之所化。是多仆累、蒲卢①。魁（shén）②武罗司之，其状人面而豹文，小要③而白齿，而穿耳以鐻（qú）④，其鸣如鸣玉。是山也，宜女子。畛（zhěn）水出焉，而北流注于河。其中有鸟焉，名曰鴢（yǎo），其状如凫，青身而朱目赤尾，食之宜子。有草焉，其状如葌，而方茎、黄华、赤实，其本如藁（gǎo）本⑤，名曰荀（xún）草，服之美人色。

注释

①仆累、蒲卢：仆累就是蜗牛，蒲卢是一种贝类。

②魁：即“神”字。

③小要：腰部纤细。要，通“腰”。

④穿耳以鐻：鐻是一种耳饰，穿耳以鐻表示耳朵上戴着鐻。

⑤藁本：一种植物的根部。

译文

青要山是天帝的秘密都城。这里有许多驾鸟。从山顶向南望去，可以看到墠渚，传说大禹的父亲在这里化身为黄熊。这里有很多仆累和蒲卢。山神武罗负责掌管这座山，他长着一副人的面容，身体呈现出豹子的花纹，腰部纤细，牙齿洁白，耳朵上戴着鐻作为耳饰，他的叫声犹如玉石相击般美妙。这座山特别适合女子居住。畛水从这里发源，向北流入黄河。山里有一种鸟，名字叫鴢，它的样子与野鸭颇为相像，身体是青色的，眼睛是红色的，尾巴是赤红色的，吃了它的肉可以多子多孙。这里还有一种草，它的样子很像葌草，茎是方的，花是黄色的，果实是红色的，根部像藁本，名字叫荀草，吃了它可以让人变得美丽。

騩(guī)山，其上有美枣，其阴有㻬琈之玉。正回之水出焉，而北流注于河。其中多飞鱼，其状如豚而赤文，服之不畏雷，可以御兵。

译文

騩山上有很多美味的枣子，山的北面有㻬琈美玉。正回河从这里发源，向北流入黄河。河里有很多飞鱼，它们的长相如同小猪，身上有着红色的花纹，吃了它的肉就不怕天上的雷鸣，还可以用来防御兵祸。

和山，其上无草木而多瑶碧，实惟河之九都[①]。

是山也五曲，九水出焉，合而北流注于河，其中多苍玉。吉神泰逢司之，其状如人而虎尾，是好居于萯山之阳，出入有光。泰逢神动天地气也。

注释

①河之九都：指黄河的九条支流的源头。

译文

和山上没有草木，但有很多瑶碧美玉，这里其实是黄河九条支流的汇集之处。这座山有五道弯曲，九条河流从这里发源，交汇后向北流入黄河，河里有很多苍玉。吉神泰逢掌管这座山，他有着人一样的形象，但是却长着老虎的尾巴，喜欢住在萯山的南面，出入时会发出亮光。泰逢神能够兴风作雨。

扶猪之山，其上多礝(ruǎn)石。有兽焉，其状如貉(hé)而人目，其名曰麐(yín)。虢(guó)水出焉，而北流注于洛，其中多瓀(ruǎn)石①。

注释

①瓀石：同礝石，彩色玉石，品质较次。

译文

扶猪山盛产礝石。山里有一种野兽，身形和貉比较类似，但是却长着一双人类的眼睛，它的名字叫做麐。虢水就发源于这座山，之后向北流淌注入洛水，水中也铺满了礝石。

厘山，其阳多玉，其阴多蒐(sōu)①。有兽焉，其状如牛，苍身，其音如婴儿，是食人，其名曰犀渠。滽(yōng)滽之水出焉，而南流注于伊水。有兽焉，名曰獅(xié)②，其状如獳(nòu)犬③而有鳞，其毛如彘鬣。

注释

①蒐：茜草。

②獅：獭，栖息在水边，毛短而软。

③獳犬：愤怒的狗。

译文

厘山的南边蕴藏着丰富的玉石，山的北边茜草丛生。山里有一种野兽，身形似牛，全身是青黑色的，发出的叫声类似婴儿的啼哭，会把人当作食物，它的名字叫犀渠。滽滽水就发源于这座山，之后向南流淌注入伊水。厘山里还有一种野兽，名字叫作獅，它的身形与愤怒时的狗很是类似，身上长满了鳞甲，毛就像猪鬃一样。

柄山，有木焉，其状如樗，其叶如桐而荚实，其名曰茇(bá)，可以毒鱼。

译文

柄山有一种树，形状与樗树较为相近，叶子与梧桐树较为相近，结的果实犹如豆荚一般，名字叫作茇，可以用来毒杀鱼类。

熊耳之山，有草焉，其状如苏而赤华，名曰葶(tíng)苧(níng)，可以毒鱼。

译文

熊耳山有一种草，叶子像苏叶，开红色的花，名字叫葶苧，可以用来毒杀鱼类。

首山，其阴有谷，曰机谷，多䴀(dài)鸟，其状如枭而三目，有耳，其音如録(lù)①，食之已垫②。

注释

①録：通“鹿”。　②垫：指湿气病。

译文

首山的北面有一个叫机谷的山谷，谷中有很多䴀鸟，形状像猫头鹰，但是长着三只眼睛，有耳朵，叫声犹如鹿鸣，吃了它的肉可以治疗风湿病。

平逢之山，有神焉，其状如人而二首，名曰骄虫，是为螫(shì)虫①，实惟蜂蜜之庐②。其祠之：用一雄鸡，禳(ráng)而勿杀③。

注释

①螫虫：指会蜇人的昆虫，如蜜蜂、黄蜂等。

②庐：巢穴，这里指骄虫是蜜蜂的守护神。

③禳而勿杀：通过祭祀祈求平安，但不宰杀祭品。

译文

平逢山有一位神灵，外形很像人，但长着两个头，名字叫骄虫，其实是螫虫，也就是蜜蜂类昆虫的守护神。祭祀这位神的方法是：用一只雄鸡作为祭品，但祭祀的时候不去杀它。

瘣(guī)山，其阴多㻬琈之玉。其西有谷焉，名曰雚(guàn)谷，其木多柳楮。其中有鸟焉，状如山鸡而长尾，赤如丹火而青喙，名曰鸰鷃(líng yāo)，其鸣自呼，服之不眯。

译文

瘣山的北面有很多㻬琈美玉，西面还有一个山谷，名叫雚谷。山谷里的树木大多是柳树和楮树。山谷里生长着一种鸟，外形像山鸡，但是尾巴很长，羽毛红得像火焰，嘴巴是青色的，名字叫鸰鷃，它的叫声像是在叫自己的名字，吃了它的肉就可以不做噩梦。

密山，豪水出焉，而南流注于洛，其中多旋龟，其状鸟首而鳖尾，其音如判木。无草木。

译文

豪水发源于密山，向南流入洛河。水中有许多旋龟，长着鸟的头、鳖的尾，叫声如同劈木头的声音。整座山光秃秃的，不生草木。

橐山，橐水出焉，而北流注于河。其中多脩(xiū)辟之鱼，状如黾(měng)①而白喙，其音如鸱，食之已白癣。

注释

①黾：古书上说的一种蛙。

译文

橐水发源于橐山，之后向北流淌注入黄河。水里游着许多脩辟鱼，这种鱼的形状近似于蛙，它的嘴巴是白色的，叫声和猫头鹰相类似，人吃了这种鱼就能治愈白癣病。

阳华之山，其草多藷(zhū)萸(yù)①，多苦辛，其状如櫹(qiū)，其实如瓜，其味酸甘，食之已疟。

注释

①藷萸：薯蓣。

译文

阳华山里的草类大多是藷萸，还有很多苦辛草，这种草的外形像楸木，果实像瓜，味道酸酸甜甜的，人吃了这个果子可以治疗疟疾。

休与之山，其上有石焉，名曰帝台之棋，五色而文，其状如鹑卵。帝台之石，所以祷百神者也，服之不蛊。有草焉，其状如蓍(shī)①，赤叶而本丛生，名曰夙(sù)条，可以为簳(gǎn)②。

注释

①蓍：草名，古代用来占卜。 ②簳：古代用来制作箭杆的材料。

译文

休与山上有一块石头，名字叫作帝台之棋，它有五种颜色和花纹，形状像极了鹌鹑蛋。这块石头是用来向众神祈祷的，佩戴它可以避免被邪气侵害。山上还有一种草，形状与蓍草颇为相像，叶子是红色的，根部丛生，名字叫夙条，可以用来制作箭杆。

鼓钟之山，帝台①之所以觞(shāng)百神②也。有草焉，方茎而黄华，员叶而三成③，其名曰焉(yān)酸，可以为毒④。其上多砺，其下多砥。

注释

①帝台：有两种含义，一是神话传说中的神仙名字，一是帝阙所在之地。

②觞百神：宴请众神。

③员叶而三成：叶子是圆形的，每片叶子有三层。

④可以为毒：可以用来制作毒药。

译文

鼓钟山是天神帝台宴请众神的地方。山上有一种草，茎是方形的，花朵是黄色的，叶子是圆形的，每片叶子都有三层，名字叫作焉酸，可以用来制作毒药。鼓钟山上有很多粗磨刀石，山下有很多细磨刀石。

姑媱(yáo)之山①，帝女死焉，其名曰女尸，化为䔄(yáo)草②，其叶胥(xū)成③，其华黄，其实如菟丘④，服之媚于人⑤。

注释

①姑媱之山：意为“美丽的山”。

②䔄草：草名，也作“瑶草”。

③其叶胥成：叶子的形状是相互重叠的。

④菟丘：菟丝子，一种缠绕寄生的草本植物。果实为扁球形。

⑤服之媚于人：吃了这种草的果实会变得讨人喜欢。

译文

姑媱之山，传说帝女死在了这里，她的名字叫女尸，死后的灵魂变成了䔄草。这种草的叶子相互重叠，开出的花是黄色的，果实和菟丘很相像，吃了这种果实会变得讨人喜欢。

苦山，有兽焉，名曰山膏，其状如豚，赤若丹火，善詈(lì)①。其上有木焉，名曰黄棘，黄华而员叶，其实如兰，服之不字[2]。有草焉，员叶而无茎，赤华而不实，名曰无条，服之不瘿。

注释

①詈：辱骂。　　②字：怀孕，生育。

译文

苦山上有一种野兽，名字叫山膏，它的外形犹如小猪，全身红得像火焰，喜欢骂人。山上还有一种树，名字叫黄棘，花是黄色的，叶子是圆圆的，果实像兰草结出的果，吃了这种果实会让人无法生育。山上还有一种草，叶子是圆形的，没有茎，开红色的花，不结果实，名字叫无条，吃了这种草不会长瘿瘤。

堵山，神天愚居之，是多怪风雨。其上有木焉，名曰天楩(pián)，方茎而葵状，服者不㖃(yè)[1]。

注释

①㖃：通“噎”，食物堵塞食管。

译文

堵山是山神天愚的居处，这座山上常常刮怪风、下怪雨。山上生长着一种树木，叫做天楩，这种树的茎干是方的，外观像是葵菜，吃了它能让人不被噎住。

放皋之山，有木焉，其叶如槐，黄华而不实，其名曰蒙木，服之不惑。有兽焉，其状如蜂，枝尾而反舌，善呼，其名曰文文。

译文

放皋山有种蒙木，叶子像槐树叶，开黄色的花却不结果实，吃了它的叶子能让人头脑清醒。还有种奇特的异兽，长得近似蜜蜂，尾巴是分叉的，舌头是倒长的，特别擅长鸣叫，它的名字叫文文。

大𦳣(kǔ)之山，多㻬琈之玉，多麋玉①。有草焉，其叶状如榆，方茎而苍伤②，其名曰牛伤，其根苍文，服者不厥③，可以御兵。其阳狂水出焉，西南流注于伊水。其中多三足龟，食者无大疾，可以已肿。

注释

①麋玉：一种玉石，可能因其颜色或纹理像麋鹿而得名。

②苍伤：指草茎上有青色的伤痕或纹路。

③不厥：指不会晕倒或昏厥。

译文

大𦳣山上有很多㻬琈玉和麋玉。山上还有一种草，叶子的形状很像是榆树叶，茎是方形的，上面布满了青色的纹理，名字叫牛伤。它的根部有青色的花纹，据说服用了这种草就不会晕倒，还可以用来防御兵器伤害。山的南面有一条叫作狂水的河流，向西南流入了伊水。水中有很多三足龟，吃了它就不会得大病，还可以治疗痈肿。

半石之山，其上有草焉，生而秀，其高丈余，赤叶赤华，华而不实，其名曰嘉荣，服之者不霆。来需之水出于其阳，而西流注于伊水，其中多鯩(lún)鱼，黑文，其状如鲋，食者不睡。合水出于其阴，而北流注于洛，多螣(téng)鱼，状如鳜，居逵(kuí)①，苍文赤尾，食者不痈，可以为瘘(lòu)②。

注释

①逵：这里指水中的穴道。　　②瘘：颈部生疮。

译文

半石山上有一种草，刚长出来就能开花，高度能达到一丈多，长有红色的叶子和花朵，开花后不结果实，名字叫嘉荣，人吃了它就不会害怕打雷。来需水就发源于这座山的南面，之后向西流入了伊水。水里生长着许多鯩鱼，鯩鱼浑身布满了黑色的斑纹，身形似鲫鱼，吃了它的肉就不会打瞌睡。合水就发源于这座山的北部，之后向北流淌注入了洛水，水里生活着许多螣鱼，这种鱼看起来很像鳜鱼，居住在水底的洞穴里，身上满是青色的斑纹，长着红色的尾巴，吃了它的肉会让人不得痈肿，还能治疗瘘疮。

少室之山，百草木成囷（qūn）①。其上有木焉，其名曰帝休，叶状如杨，其枝五衢（qú）②，黄华黑实，服者不怒。其上多玉，其下多铁。休水出焉，而北流注于洛，其中多鯑鱼，状如盩蜼（zhōu wèi）而长距，足白而对，食者无蛊疾，可以御兵。

注释

①囷：圆形的谷仓。

②五衢：指树枝像五条道路一样分叉。

译文

少室山上草木茂盛，看上去犹如密集的圆形谷仓。山上还有一种树，名字叫帝休，它的叶子外观很像杨树叶，树枝如同五条分叉的道路一般。这种树开黄色的花，结黑色的果实，据说吃了就不会发怒。少室山上有很多玉石，山下有很多铁矿。休水从这里发源，向北流入洛水，水中有很多鯑鱼，形状很像猕猴，但是腿很长，脚是白色的，脚趾是相对的，据说吃了它就不会患上蛊疾，还可以用来防御兵器伤害。

泰室之山，其上有木焉，叶状如梨而赤理，其名曰栯（yǒu）木，服者不妒。有草焉，其状如苿，白华黑实，泽如蘡薁（yīng yù），其名曰䔄草，服之不眯。

译文

泰室山上有一种树，叶子的外观犹如梨树，但纹理是红色的，名字叫栯木，据说吃了它的人不会心生嫉妒。山上还有一种草，形状像术类植物，开白色的花，结黑色的果实，果实多汁，近似野葡萄，名字叫䔄草，据说吃了它的人不会做噩梦。

讲山，有木焉，名曰帝屋，叶状如椒，反伤赤实，可以御凶。

译文

讲山上有一种树，名字叫帝屋，叶子与花椒叶颇为相像，长有倒刺，结红色的果实，能驱灾避祸。

浮戏之山，有木焉，叶状如樗而赤实，名曰亢(kàng)木，食之不蛊。汜(sì)水出焉，而北流注于河。其东有谷，因名曰蛇谷，上多少辛①。

注释

①少辛：也叫细辛，一种草药。

译文

浮戏山上有一种树，叶子的外观与樗树很相似，但结的是红色的果实，名字叫亢木，据说吃了它就不会中蛊毒。汜水从这里发源，向北流入黄河。山的东面有一个山谷，因为蛇多而得名蛇谷，山谷里长满了少辛。

少陉（xíng）之山，有草焉，名曰䔿（gāng）草，叶状如葵而赤茎白华，实如蘡薁，食之不愚。

译文

少陉山有一种䔿草，叫䔿草，草的叶子类似葵菜叶，茎是红色的，花是白色的，果实近似野葡萄，吃了会让人变得聪明而不愚笨。

太山，有草焉，名曰梨，其叶状如萩（qiū）①而赤华，可以已疽（jū）。

注释

①萩：叶子形状类似艾草或蒿草的植物。

译文

太山之上有一种草，名字叫作梨，叶子形状很像萩草，开红色的花，可以用来治疗疽疮。

敏山，上有木焉，其状如荆，白华而赤实，名曰蓟（jì）柏，服者不寒。

译文

敏山上生长着一种树木，形状像荆条，开白色的花，结红色的果实，这种树叫作蓟柏。据说吃了这种果实的人不会感到寒冷。

大騩之山，有草焉，其状如蓍而毛，青华而白实，其名曰蓑(hěn)，服之不夭，可以为腹病。

译文

大騩山里有一种草，形状与蓍草颇为相似，长有绒毛，开青色的花朵，结白色的果实，名字叫蓑，人吃了它就可以长寿，还可以治疗腹部疾病。

骄山，神蟲(tuó)围处之，其状如人而羊角虎爪，恒游于雎(jū)漳①之渊，出入有光。

注释

①雎漳：有说是今沮水与漳水的名称。

译文

骄山里住着一位叫蟲围的神灵，他的样貌很像人类，但却长着羊一样的角和虎一样的爪，它经常在雎水和漳水的深渊中游动，出入时会发出光芒。

光山，其上多碧，其下多水。神计蒙处之，其状人身而龙首，恒游于漳渊，出入必有飘风暴雨。

译文

光山上有很多青绿色的玉石，山下到处都是流水。一位叫计蒙的神住在这里，他的身体像人，头却像龙。他经常在漳河的深水处游动，每次出入都会带来狂风暴雨。

岐山，神涉䵱处之，其状人身而方面三足。

译文

岐山有一位叫涉䵱的神住在这里，他的身体虽然像人，但脸却是方的，还有三只脚。

jū xiāo
崌山，有鸟焉，状如鸮而赤身白首，其名曰窃脂，可以御火。

译文

崌山有一种鸟，形状犹如猫头鹰，身体是红色的，脑袋是白色的，名字叫窃脂，据说养在身边可以抵御火灾。

fū
高梁之山，有草焉，状如葵而赤华，荚实白柎，可以走马。

译文

高梁山有一种草，外观犹如葵菜，开红色的花，结豆荚类的果实，花萼是白色的，据说喂给马吃可以让马跑得更快。

蛇山，有兽焉，其状如狐，而白尾长耳，名狏狼，见则国内有兵。

译文

蛇山里生活着一种野兽，形状很像狐狸，尾巴是白色的，耳朵长长的，名字叫𤝞狼，一旦看到它，就意味着国家会爆发战争。

熊山，有穴焉，熊之穴，恒出入神人。夏启而冬闭，是穴也，冬启乃必有兵。

译文

熊山里有一个山洞，是熊居住的洞穴，经常会有神人出现。夏天洞穴是打开的，冬天就会关闭。如果冬天洞穴打开，就一定会有战争爆发。

复州之山，有鸟焉，其状如鸮，而一足彘尾，其名曰跂踵，见则其国大疫。

译文

复州山里有一种鸟，外形很像猫头鹰，但是只有一只脚，还有猪一样的尾巴，名字叫跂踵，它出现在哪个国家，哪个国家就会爆发大的瘟疫。

视山，其上多韭。有井焉，名曰天井，夏有水，冬竭。

译文

视山上有很多韭菜。这里有一口井，名字叫天井，夏天有水，冬天就会干涸。

丰山，有兽焉，其状如蝯（yuán）①，赤目、赤喙、黄身，名曰雍和，见则国有大恐。神耕父处之，常游清泠（líng）之渊②，出入有光，见则其国为败。有九钟焉，是和霜鸣。

注释

①蝯：猿猴的一种。

②清泠之渊：清澈而寒冷的深水潭。

译文

丰山里有一种野兽，它的外形很像猿猴，红色的眼睛，红色的嘴巴，黄色的身体，名字叫雍和。一旦它现身世间，就预示着国家会有大的灾难。这里还居住着一位叫耕父的神，他经常在清澈寒冷的深水潭中游荡，出入时会发出亮光。一旦耕父出现在世间，那个国家就必然会衰败。丰山上还有九口大钟，它们会在霜降时发出鸣响。

兔床之山，其草多鸡谷，其本如鸡卵，其味酸甘，食者利于人。

译文

兔床山的草类中很多都是鸡谷草，它的根部像个鸡蛋，味道又酸又甜，吃了对身体很有好处。

瑶碧之山，有鸟焉，其状如雉，恒食蜚①，名曰鸩(zhèn)。

注释

①蜚：古代传说中一种头部有长须、身带恶臭的害虫，常成群出现毁坏庄稼，被视为灾异之兆。

译文

瑶碧山里生活着一种外观很像野鸡的鸟，它总是吃一种叫作蜚的害虫，人们把这种鸟称作鸩。

攻离之山，有鸟焉，其名曰婴勺，其状如鹊，赤目、赤喙、白身，其尾若勺，其鸣自呼。

译文

攻离山里有一种鸟，名字叫婴勺，它的形状很像鹊鸟，红色的眼睛，红色的嘴巴，白色的身体，尾巴像是一把勺子，它的叫声像是在叫自己的名字。

堇(jǐn)理之山①，有鸟焉，其状如鹊，青身白喙，白目白尾，名曰青耕，可以御疫，其鸣自叫。

注释

①堇理之山：“堇”，通“瑾”，指美玉；“理”指纹理。山名意为“如美玉般有纹理的山”。

译文

堇理山里有一种鸟，外形很像喜鹊，身体是青色的，嘴巴、眼睛和尾巴是白色的，名字叫青耕。据说它能帮助人们抵御瘟疫，它的名字就是它的叫声。

依轱(gū)之山，有兽焉，其状如犬，虎爪有甲，其名曰獜(lín)，善駚犾(yǎng fèn)①，食者不风。

注释

①駚犾：奔腾、跳跃的样子。

译文

依轱山里有一种野兽，模样像狗，长着类似老虎的爪子，身上披着鳞甲，这种野兽的名字叫作獜，它非常擅长跳跃奔跑，人吃了它就不会得痛风。

高前之山，其上有水焉，甚寒而清，帝台之浆也，饮之者不心痛。

译文

高前山上有寒凉清澈的泉水，是帝台的仙浆，喝了不会得心痛之症。

乐马之山，有兽焉，其状如彙(huì)①，赤如丹火，其名曰狭(lì)，见则其国大疫。

注释

①彙：刺猬。

译文

乐马山里有一种野兽，模样长得像刺猬，通体火红色，这种野兽的名字叫作狭，一旦见到它现身，世间就会发生大规模的瘟疫。

倚帝之山，有兽焉，状如鼣(fèi)鼠，白耳白喙，名曰狙(jū)如，见则其国有大兵。

译文

倚帝山里有一种野兽，体态神似鼣鼠，白耳朵，白嘴巴，名字叫狙如。只要它出现，国家必然会发生大的战祸。

宣山，其上有桑焉，大五十尺，其枝四衢，其叶大尺余，赤理黄华青柎，名曰帝女之桑。

译文

宣山上有棵巨大的桑树，树干粗五十尺，树枝向四面伸展，叶子有一尺多长，叶脉是红色的，花朵是黄色的，花托是青色的，名字叫作帝女之桑。

丰山，其上多封石，其木多桑，多羊桃，状如桃而方茎，可以为皮张①。

注释

①皮张：皮肤肿胀。张，通“胀”，浮肿。

译文

丰山上有很多封石，树木大多是桑树，还有很多羊桃。羊桃树的形状很像桃树，但茎是方的，可以用来治疗皮肤肿胀。

鲜山，有兽焉，其状如膜犬①，赤喙、赤目、白尾，见则其邑有火，名曰狢即。

注释

①膜犬：传说中一种体型中等的犬类动物，毛色灰白，善于奔跑。

译文

鲜山里生活着一种奇异的野兽，它的外形近似膜犬，长着红色的嘴巴、赤红色的眼睛和雪白的尾巴。只要它出现，就会发生火灾，人们称它为狢即。

历石之山，有兽焉，其状如狸，而白首虎爪，名曰梁渠，见则其国有大兵。

译文

历石山里住着一种野兽，样貌像极了狸猫，长着白色的脑袋、老虎的爪子，名字叫梁渠，它只要出现，国家就会爆发战乱。

丑阳之山，有鸟焉，其状如乌而赤足，名曰鴖(zhǐ)鵌(tú)，可以御火。

译文

丑阳山里有一种鸟，模样像是乌鸦，爪子是红色的，名字叫鴖鵌，把它养在身边可以预防火灾。

凡山，有兽焉，其状如彘，黄身、白头、白尾，名曰闻獜(lín)，见则天下大风。

译文

凡山里居住着一种野兽，外形像猪，身体是黄色的，脑袋以及尾巴则是白色的，它的名字叫闻𬌗，这种野兽只要一出现，天下就会狂风大作。

夫夫之山，神于儿居之，其状人身而手操两蛇，常游于江渊，出入有光。

译文

夫夫山是山神于儿的居处，于儿长着人的身体，手里握着两条蛇，他经常游玩于长江的深渊处，出入时都会发出耀眼的亮光。

洞庭之山，帝之二女居之，是常游于江渊。澧(lǐ)沅之风，交潇湘之渊，是在九江之间，出入必以飘风暴雨。是多怪神，状如人而载蛇，左右手操蛇。

译文

洞庭山是天帝两个女儿的居所，她们时常游历于长江的深渊处。从澧水和沅水吹来的风，在湘水的深潭上交会。这里是九条江水汇合的中心地带，两位神女出入时都会伴随着疾风暴雨。洞庭山里还居住着很多别的神怪，他们的外貌和人类很相像，但是身体都缠绕着蛇，双手也握着蛇。

卷六·海外南经

地之所载，六合[①]之间，四海[②]之内，照之以日月，经之以星辰，纪之以四时[③]，要之以太岁[④]。神灵所生，其物异形，或夭或寿，唯圣人能通其道。

注释

①六合：指东、南、西、北、上、下。

②四海：古人认为中国大地四周被大海所环绕，即东海、南海、西海和北海。也指全天下。

③四时：指春、夏、秋、冬四季。

④太岁：木星。古人以它围绕太阳公转的周期来纪年，一周是十二年。

译文

大地所承载的一切，在天地四方之间，在四海之内，被太阳和月亮的光芒所照耀，参照星辰的运行作为规范，以四季的变化来记录时间，以太岁来划分年度更替。这些都是神灵所创造的，万物有不同的形态，有的夭折，有的长寿，只有圣人能够理解其中的道理。

有神人二八[1]，连臂，为帝司夜[2]于此野。在羽民东。其为人小颊(jiá)赤肩。

注释

①二八：十六。　②司夜：守候着视察管理夜晚。

译文

有十六位神人，他们的手臂相连，在这片荒野上为天帝管理夜晚。他们位于羽民国的东边。这些神人的脸颊很小，肩膀是红色的。

毕方鸟在其[1]东，青水西，其为鸟一脚。

注释

①其：指上文叙述的地方。

译文

毕方鸟在十六位神人的东边、青水的西边，这种鸟只有一只脚。

huān
讙头国在其南，其为人人面有翼，鸟喙，方捕鱼。

译文

讙头国在毕方鸟栖息地的南面，这个国度中的人都长着正常人的脸，有两只翅膀，还有一张鸟的嘴巴，正在捕鱼。

厌火国在其南，兽身黑色，火出其口中。

译文

厌火国在讙头国的南边，这个国家里的人都长着野兽的身子，全身都是黑色的，他们的口中可以喷出火来。

三苗国在赤水东，其为人相随。

译文

三苗国在赤水的东边，这里的人总是成群结队地行动。

zhì
臷国在其东，其为人黄，能操弓射蛇。

译文

臷国在三苗国的东边，那里的人皮肤是黄色的，擅长用弓箭射杀蛇。

贯匈国在其东，其为人匈有窍[1]。

注释

①窍：窟窿，洞。

译文

贯匈国在𦍒国的东边，这个国度的人胸口都有一个洞。

交胫(jìng)[1]国在其东，其为人交胫。

注释

①交胫：小腿相交。胫，小腿。

译文

交胫国在贯匈国的东边，那里的人小腿是相互交叉的。

不死民在其东，其为人黑色，寿，不死。

译文

不死民在交胫国的东边，那里的人皮肤是黑色的，寿命很长，甚至不会死亡。

反舌国在其东，其为人反舌。

译文

反舌国在不死民的东边,那里的人舌头都是倒着长的。

昆仑虚在其东，虚[1]四方。

注释

①虚：指山脚、山基。

译文

昆仑虚在反舌国的东边，山的底部呈四方形。

羿与凿齿战于寿华之野，羿射杀之。在昆仑虚东。羿持弓矢，凿齿持盾。一曰持戈。

译文

羿和凿齿在寿华的野外交战，羿用箭射杀了凿齿。这场战争发生在昆仑虚的东边。羿拿着弓箭，凿齿拿着盾牌。还有一种说法是，凿齿拿着的是戈。

三首国在其东，其为人一身三首。

译文

三首国在寿华之野的东边，那里的人长着一个身体和三个脑袋。

周饶国在其东，其为人短小，冠带[1]。

注释

①冠带：戴着帽子和系着腰带，表示穿着整齐。

译文

周饶国在三首国的东边，那里的人身材矮小，但穿着整齐，戴着帽子，系着腰带。

长臂国在其东，捕鱼水中，两手各操一鱼。

译文

长臂国在周饶国的东边，那里有人在水中捕鱼，两只手各抓着一条鱼。

南方祝融，兽身人面，乘两龙。

译文

南方的大神祝融，身体外形酷似野兽，面容则像人，驾驭着两条龙。

卷七·海外西经

大乐之野，夏后启①于此儛(wǔ)《九代》②，乘两龙，云盖三层。左手操翳(yì)③，右手操环，佩玉璜(huáng)④。在大运山北。一曰大遗之野。

注释

①夏后启：夏朝的开国君主，传说中大禹的儿子。

②《九代》：一种古代的乐舞。

③翳：古代的一种仪仗用具，用羽毛做的华盖。

④玉璜：古代的一种玉制饰品，形状像半圆形的璧。

译文

在大乐之野，夏后启在这里观赏舞蹈《九代》，他乘着两条龙，头顶有三层云盖。他左手拿着翳，右手拿着环，身上佩戴着玉璜。这个地方在大运山的北边，也有人称这里为大遗之野。

三身国在夏后启北，一首而三身。

译文

三身国在夏后启所处大乐之野的北边，这里的人有一个脑袋、三个身体。

一臂国在其北，一臂、一目、一鼻孔。有黄马虎文，一目而一手。

译文

一臂国在三身国的北边，这里的人只有一只手臂、一只眼睛和一个鼻孔。还有一种黄色的马，身上布满老虎的花纹，只有一只眼睛和一只手。

奇肱(jī gōng)之国在其北，其人一臂三目，有阴有阳，乘文马①。有鸟焉，两头，赤黄色，在其旁。

注释

①文马：一种有花纹的马，传说中的神马。

译文

奇肱之国在一臂国的北边，那里的人只有一只手臂和三只眼睛，眼睛分为阴阳，阴眼在上，阳眼在下，他们骑着布满花纹的马。那里还有一种鸟，长着两个头，羽毛是赤黄色的，就在他们旁边。

刑天与帝争神[1]，帝断其首，葬之常羊之山。乃以乳为目，以脐为口，操干戚[2]以舞。

注释

①刑天与帝争神：刑天是传说中的神话人物，帝指天帝，争神指争夺神位。

②干戚：干是盾牌，戚是大斧，古代的一种武器组合。

译文

刑天与天帝争夺神位，天帝砍下了他的头，把他的头埋葬在常羊山。于是刑天就用乳头当眼睛，用肚脐当嘴巴，拿着盾牌和大斧继续战斗。

女祭、女薎[1]在其北，居两水间。薎操鱼䱇[2]，祭操俎[3]。

注释

①女祭、女薎：传说中的两位女神或女巫。

②鱼䱇：一种与鱼相关的器具。䱇，古代礼器。

③俎：古代祭祀时放置祭品的器具，形状像案板。

译文

女祭和女薎在刑天断首之地的北边，住在两条河流之间。女薎手里拿着䱇，女祭手里拿着俎。

鸾鸟[1]、鵹鸟，其色青黄，所经国亡。在女祭北。鸾鸟人面，居山上。一曰维鸟，青鸟、黄鸟所集。

注释

①鸾鸟：传说中的一种鸟，可能是不祥之鸟。

译文

鸾鸟和鵹鸟，它们的羽毛都是青黄色的，凡是它们飞过的国家都会遭致灭亡的命运。它们生活在女祭的北边。鸾鸟有着人一样的脸，在山上居住。也有人称这两种鸟是维鸟，是青鸟和黄鸟聚集在一起的合称。

丈夫国在维鸟北，其为人衣冠带剑。

译文

丈夫国在维鸟的北边，这里的人不但衣冠齐整，还佩着剑。

女丑之尸，生而十日炙(zhì)杀之①。在丈夫北。以右手鄣(zhàng)其面②。十日居上，女丑居山之上。

注释

①炙杀之：被太阳晒死。炙，烤、晒。杀，死。

②鄣其面：遮住脸部。鄣，遮挡。

译文

有一具女丑的尸体，她生前是被十个太阳活活烤死的。事发之地在丈夫国的北边。她死前用右手遮住自己的脸。十个太阳高高地悬挂在天上，女丑的尸体则在山顶上。

巫咸国在女丑北，右手操青蛇，左手操赤蛇。在登葆山，群巫所从上下也。

译文

巫咸国在女丑的北边，这里的人右手拿着青蛇，左手拿着赤蛇。他们在登葆山活动，这座山是巫师们上下往返于天地之间的场所。

并封在巫咸东，其状如彘，前后皆有首，黑。

译文

并封这种野兽住在巫咸国的东边，它的外形像一头猪，前后都有脑袋，全身都是黑色的。

女子国在巫咸北，两女子居，水周①之。

注释

①水周：被水环绕。周，围绕。

译文

女子国在巫咸国的北边，有两个女子居住在那里，四周都被水环绕着。

轩辕之国在此穷山之际，其不寿者八百岁。在女子国北，人面蛇身，尾交首上。

译文

轩辕国位于穷山附近，那里的人寿命很长，最短的也能活到八百岁。这个国家在女子国的北边，那里的人虽然长着一张人脸，但却有着蛇的身体，他们把尾巴盘绕在头顶上。

诸沃之野，鸾鸟自歌，凤鸟自舞。凤皇卵，民食之；甘露，民饮之，所欲自从也[①]。百兽相与群居。在四蛇北。其人两手操卵食之，两鸟居前导之。

注释

①所欲自从也：想要什么就能得到什么。从，得到、实现。

译文

诸沃之野，鸾鸟自由地在歌唱，凤鸟自由地在舞蹈。凤凰生下的蛋，百姓们都可以食用；甘甜的雨露，百姓们都可以饮用，心中的愿望都能圆满实现。各种野兽都群居在一起。诸沃之野位于四条蛇的北边。那里的人们两手捧着凤凰蛋享用，两只鸟在前面引导着他们。

龙鱼陵居在其北，状如鲤。一曰鰕（xiā）[①]。即有神圣乘此以行九野[②]。

注释

①鰕：大鲵，水陆两栖动物。

②九野：指广阔的原野或天地。九，泛指多。

译文

龙鱼住在诸沃之野的北边，外形与鲤鱼颇为相像。还有一种说法是，它其实像大鲵。有神圣之人骑着龙鱼巡行在九州大地上。

白民之国在龙鱼北，白身被(pī)发①。有乘黄，其状如狐，其背上有角，乘之寿二千岁。

注释

①被发：披散着头发。被，通“披”，散开。

译文

白民国在龙鱼的北边，那里的人皮肤是白色的，披散着头发。有一种叫做乘黄的动物，形状很像狐狸，背上长有角，人如果骑上它可以活到两千岁。

肃慎之国在白民北。有树名曰雒棠(luò táng)，圣人代立，于此取衣。

译文

肃慎国在白民国的北边，那里有一种树叫作雒棠，圣人继位时，会从这种树上获取树皮、树叶等制成衣裳。

西方蓐(rù)收，左耳有蛇，乘两龙。

译文

西方之神蓐收，他的左耳上盘着一条蛇，本人骑乘着两条龙。

卷八·海外北经

钟山之神，名曰烛阴，视为昼，暝(míng)①为夜，吹为冬，呼为夏，不饮，不食，不息，息为风，身长千里。在无䏿(qǐ)之东。其为物，人面，蛇身，赤色，居钟山下。

注释

①暝：暝目，闭眼。

译文

钟山的山神叫烛阴，他睁开眼睛，天下就是白天，闭上眼睛，天下就是黑夜；吹一口气，天下便是冬天，呼一口气，天下便是夏天。他既不喝水，也不吃东西，还不呼吸，只要一出气息就化作了风。他的身体有千里之长，就在无膂国的东边。他的样貌是：人的脸、蛇的身体，通体赤红，就住在钟山脚下。

一目国在其东，一目中其面而居。一曰有手足。

译文

一目国在钟山的东边，那里的人只有一只眼睛，长在脸部的正中间。还有一种说法是，他们像普通人一样有手有脚。

柔利国在一目东，为人一手一足，反厀(xī)①，曲足居上②。

注释

①反厀：膝盖反着长。

②曲足居上：脚是弯曲的，并且朝上生长。

译文

柔利国在一目国的东边，那里的人只有一只手和一只脚，膝盖是反着长的，弯曲的脚朝上。

共工之臣曰相柳氏，九首，以食于九山。相柳之所抵，厥[①]为泽溪。禹杀相柳，其血腥，不可以树五谷种。禹厥之，三仞(rèn)三沮(jǔ)[②]，乃以为众帝之台。在昆仑之北，柔利之东。相柳者，九首人面，蛇身而青。不敢北射，畏共工之台。台在其东。台四方，隅有一蛇，虎色，首冲南方。

注释

①厥：通“掘”，挖掘。

②三仞三沮：仞，通“牣”，填充。沮，指地面塌陷。

译文

共工的大臣叫相柳氏，他有九个头，分别在九座山上吃东西。相柳所经过的地方最后都会变成沼泽和溪流。大禹杀死了相柳，但是他的血液非常腥臭，以至于这片土地沾染上了他的血迹后就无法再种植庄稼了。于是，大禹掘土填埋这片土地，但是填满了三次，塌陷了三次，最后只好在那里建了一座高高的众帝台。这座高台在昆仑山的北边、柔利国的东边。相柳有九个脑袋，长着一副人的脸、蛇的身躯，全身都是青色的。人们不敢向北射箭，因为害怕共工之台。共工台在众帝台的东边，高台呈四方形，每个角落都盘着一条蛇，蛇身犹如老虎的皮色斑纹，头朝向南方。

深目国在其东，为人深目，举一手。一曰在共工台东。

译文

深目国在众帝台的东边，那里的人的眼睛是深陷的，常常举着一只手。还有一种说法是，深目国在共工台的东边。

无肠之国在深目东，其为人长而无肠。

译文

无肠之国在深目国的东边，那里的人身体很长，但是没有肠子。

聂(shè)[①]耳之国在无肠国东，使两文虎，为人两手聂其耳。县[②]居海水中，及水所出入奇物。

注释

①聂：通“摄”，指拿捏、持握。 ②县：通“悬”，孤单无所依托的意思。

译文

聂耳国在无肠国的东边，那里的人驱使两只带花纹的老虎，他们的两只手总是抓着自己的耳朵。聂耳国人居住在海中孤岛上，海水中还有许多奇特的生物。

夸父与日逐走[①]，入日。渴欲得饮，饮于河渭，河渭不足，北饮大泽。未至，道渴而死。弃其杖，化为邓林[②]。

注释

①逐走：追赶、赛跑。

②邓林：传说中夸父的拐杖变成的一片桃林。

译文

夸父追赶太阳，离太阳越来越近。他口渴难耐，想要喝水，于是就跑到了黄河和渭河，喝干了这两条河里的水，但是仍然不解渴。于是，他又想去北边喝大泽里的水。可是还没有到达大泽，他就渴死在了半路上。他临死前扔掉的拐杖变成了一片桃林，叫作邓林。

夸父国在聂耳东，其为人大，右手操青蛇，左手操黄蛇。邓林在其东，二树木。

译文

夸父国在聂耳国的东边，那里的人身材高大，右手拿着青蛇，左手拿着黄蛇。邓林在夸父国的东边，其实是由两棵树繁衍而成的树林。

禹所积石之山在其东，河水所入。

译文

禹所积石山在夸父国的东边，那里是黄河水流入的地方。

拘（jū）瘿之国在其东，一手把瘿。

译文

拘瘿之国在禹所积石山的东边，那里的人都用手托着脖子上的肉瘤。

寻木长千里，在拘瘿南，生河上西北。

译文

寻木是一种高达千里的树，生长在拘瘿国的南边，黄河上游的西北方向。

跂踵[1]国在拘缨东，其为人两足皆支。一曰反踵。

注释

①跂踵：跂，踮起脚。踵，脚后跟。

译文

跂踵国在拘缨国的东边，这个国家的人都是踮起脚来走路的。还有一种说法是，他们是脚后跟朝前、脚指头朝后。

欧丝之野在反踵东，一女子跪据树欧丝[1]。

注释

①欧丝：即吐丝，像蚕一样。欧，吐。丝，蚕丝。

译文

欧丝野在反踵国的东边，有一位女子跪着靠在树上吐丝。

三桑无枝，在欧丝东，其木长百仞，无枝。

译文

有三棵没有树枝的桑树，在欧丝野的东边，这三棵树高达百仞，但是没有树枝。

范林方三百里，在三桑东，洲环其下。

译文

范林方圆三百里，在三棵桑树的东边，它的下边沙洲环绕。

北海内有兽，其状如马，名曰騊駼(táo tú)。有兽焉，其名曰駮(bó)，状如白马，锯牙，食虎豹。有素兽焉，状如马，名曰蛩蛩(qióng qióng)。有青兽焉，状如虎，名曰罗罗。

译文

北海之内有一种野兽，外形像马，名字叫騊駼。还有一种野兽，名字叫駮，外形也很像白马，牙齿像锯子，以虎豹为食。还有一种白色的野兽，外形还是很像马，名字叫蛩蛩。还有一种青色的野兽，外形像虎，名字叫罗罗。

北方禺彊(qiáng)，人面鸟身，珥两青蛇，践两青蛇。

译文

北方神禺彊，长着人的面孔和鸟的身子，耳朵上挂着两条小青蛇作为耳饰，脚底下还踩着两条青蛇。

卷九·海外东经

大人国在其①北，为人大，坐而削(shāo)船②。

注释

①其：指前一节的“蹉丘”。

②削船：划船。削，通“梢”，长竿。

译文

大人国在蹉丘的北边，那里的人都身材高大，坐在那里划船。

奢(shē)比之尸在其北，兽身、人面、大耳，珥(ěr)两青蛇。

译文

奢比尸在大人国的北边，它的身体像野兽，面孔像人，耳朵很大，耳朵上挂着两条青蛇作为装饰。

君子国在其北，衣冠带剑，食兽，使二文虎在旁，其人好(hào)让不争①。有薰华草，朝生夕死。

注释

①好让不争：喜欢谦让，不喜欢争斗。

译文

君子国在奢比尸的北边，那里的人们衣冠齐整，腰间佩剑，以食用野兽为生，驱使两只花斑虎陪伴在身边。君子国的人喜欢谦让，不喜欢争斗。那里有一种叫作薰华草的植物，早上开花，傍晚就凋谢了。

䖴(hóng)①䖴在其北，各有两首。

注释

①䖴：有说是“虹”的别字。

译文

䖴䖴国在君子国的北面，这个国家的人都长有两个脑袋。

朝阳之谷，神曰天吴，是为水伯。在䖴䖴北两水间。其为兽也，八首人面，八足八尾，皆青黄。

译文

在朝阳谷有一位神叫天吴，他是一位水神。天吴住在䖴䖴国北边的两条河流中间。他长得酷似野兽，有八个脑袋，每个脑袋上都长着一张人的脸，他有八只脚和八条尾巴，脚和尾巴都是青黄色。

青丘国在其北，其人食五谷，衣丝帛。其狐四足九尾。

译文

在朝阳国的北边，有一个国家叫青丘国。那里的人以五谷为食，穿着丝帛织品。那里的狐狸长着四条腿、九条尾巴。

帝命竖亥步①，自东极至于西极，五亿十选(suàn)②九千八百步。竖亥右手把算，左手指青丘北。

注释

①步：用脚步测量距离。 ②选：万的意思。

译文

天帝命令竖亥用脚步测量大地，从最东边走到最西边，一共走了五亿十万九千八百步。竖亥右手拿着计算工具算筹，左手指着青丘国的北边。

黑齿国在其北，为人黑齿，食稻啖(dàn)①蛇，一赤一青，在其旁。

注释

①啖：吃的意思。

译文

在竖亥所在之处的北边，有一个叫作黑齿国的国家。那里的人们牙齿是黑色的，以稻米和蛇肉为生。还有一条红色的蛇和一条青色的蛇陪伴在他们身边。

下有汤(yáng)谷①。汤谷上有扶桑，十日所浴，在黑齿北。居水中，有大木，九日居下枝，一日居上枝。

注释

①汤谷：也叫旸谷，日出之地。

译文

黑齿国的下面是汤谷。汤谷上生长着一棵叫作扶桑的神奇大树，这里是十个太阳沐浴的地方，位于黑齿国的北边。扶桑树生长在水中，非常高大。九个太阳栖息在下方的树枝上，一个太阳栖息在上方的树枝上。

雨师妾在其北，其为人黑，两手各操一蛇，左耳有青蛇，右耳有赤蛇。

译文

在汤谷的北边，有一个国家叫雨师妾国。那里的人是黑色的，两只手各拿着一条蛇，左耳挂着青蛇，右耳挂着赤蛇。

玄股之国在其北，其为人股①黑，衣鱼食鷗(ōu)②，两鸟夹之。

注释

①股：大腿。

②衣鱼食鷗：衣，穿。鱼，用鱼皮做的衣服。鷗，即鸥。

译文

玄股国在雨师妾国的北边。这个国度的人的大腿是黑色的，他们以鱼皮为衣，以鸥鸟为食。还有两只鸟陪伴在他们身边。

毛民之国在其北，为人身生毛。

译文

毛民国在玄股国的北边，那里的人浑身长满了毛。

劳民国在其北，其为人黑，食草果实。有一鸟两头。

译文

在毛民国的北边，有一个国家叫作劳民国。那里的人是黑色的，以草和果实为生。那里生活着一种鸟，长着两个头。

东方句(gōu)芒①，鸟身人面，乘两龙。

注释

①句芒：中国古代神话中的春神，掌管春天和万物生长。

译文

在东方，有一位名叫句芒的神，他的身体像鸟，面孔像人，骑着两条龙。

卷十·海内南经

枭阳国在北朐(qú)之西，其为人人面长唇，黑身有毛，反踵，见人则笑，左手操管。

译文

枭阳国在北朐国的西边，那里的人长着正常人的脸，但是嘴唇很长，身体是黑色的，身上有毛，脚后跟朝前，见到人就会笑，左手拿着一根管子。

兕(sì)在舜葬东，湘水南，其状如牛，苍黑，一角。

译文

兕生活在舜帝墓的东边，湘水的南边，它的形状很像牛，全身都是青黑色的，长着一只角。

苍梧之山，帝舜葬于阳，帝丹朱葬于阴。

译文

舜帝葬在苍梧山的南面，丹朱帝葬在苍梧山的北面。

夏后启之臣曰孟涂，是司神于巴，巴人[①]讼(sòng)[②]于孟涂之所，其衣有血者乃执之，是请生[③]。

注释

①巴人：古代巴地（今四川东部和重庆一带）人。

②讼：诉讼、告状。

③请生：说谎人的衣服上有血迹，孟涂的做法相当于是有好生之德。

译文

夏后启的臣子叫孟涂，他在巴地负责掌管神灵的事务。巴地的人到孟涂那里去告状，衣服上有血迹的人就会被拘押起来这样就不会出现冤案，算是有好生之德。

窫窳(yà yǔ)居弱水中，在狌狌之西，其状如貙(chū)，龙首，食人。

译文

窫窳居住在弱水之中，位于狌狌居住地的西边，它外表像貙，长着龙一样的脑袋，会吃人。

有木，其状如牛，引之有皮，若缨、黄蛇。其叶如罗，其实如栾，其木若蓲(ōu)，其名曰建木。在窫窳西弱水上。

译文

有一种树，它的形状与牛颇为相像，拉扯它就会有树皮往下掉，它的树皮犹如帽子上的缨带，也形似黄色的蛇。它的叶子长得很像罗网，果实类似栾树，树干近于莁树，名字叫建木。建木生长在窫窳所在地西边的弱水岸上。

氐（dī）人国在建木西，其为人人面而鱼身，无足。

译文

氐人国在建木的西边，那里的人长着人的脸，鱼的身体，没有脚。

巴蛇食象，三岁而出其骨，君子服之，无心腹之疾。其为蛇青黄赤黑。

译文

巴蛇能吞食掉一头大象，三年后才会吐出象骨。君子如果吃了这种象骨，就不会患上心脏和腹部的疾病。这种蛇有青、黄、赤、黑几种颜色。

卷十一・海内西经

后稷(jì)之葬，山水环之。在氐国西。

译文

后稷的墓地四周有山水环绕。在氐国的西边。

海内昆仑之虚，在西北，帝之下都。昆仑之虚，方八百里，高万仞。上有木禾，长五寻①，大五围②。面有九井，以玉为槛③。面有九门，门有开明兽守之，百神之所在。在八隅之岩，赤水之际，非仁羿莫能上冈之岩。

注释

①寻：古代以八尺为一寻。

②围：双臂合抱的长度为一围。

③槛：栏杆。

译文

《海内西经》所记述的昆仑山，位于西北地区，是天帝在人间的都城。昆仑山方圆八百里，高度一万仞。山上生长着一种叫木禾的植物，高五寻，树干有五人合抱那么粗。昆仑山的每一面都有九口井，井的栏杆以玉石砌成。山的每一面也都有九道门，每道门都有名叫开明兽的神兽把守，这里是众神居住的地方。他们居住在八个方位的岩洞里，在赤水的岸边，除非是像羿那般仁厚的人，否则没有人能攀上这座山的岩石。

昆仑南渊深三百仞。开明兽身大类虎而九首，皆人面，东向立昆仑上。

译文

昆仑山的南边有一个深渊，深达三百仞。开明神兽身形很像老虎，有九个脑袋，都长着人一样的脸，面向东方屹立在昆仑山上。

开明西有凤皇、鸾鸟，皆戴蛇践蛇，膺(yīng)有赤蛇。

译文

开明兽的西边有凤凰和鸾鸟，它们头上戴着蛇，脚下也踩着蛇，胸前还盘着红色的蛇。

开明东有巫彭、巫抵、巫阳、巫履、巫凡、巫相，夹窫窳之尸，皆操不死之药以距[①]之。窫窳者，蛇身人面，贰负[②]臣所杀也。

注释

①距：在这里的意思是“阻止、对抗死亡之气”。 ②贰负：古代神话人物。

译文

在开明神兽的东面，有巫彭、巫抵、巫阳、巫履、巫凡、巫相这六位巫师，他们围在窫窳的尸体旁边，手里都拿着不死之药，用来阻止窫窳死亡，使它复活。窫窳是一种蛇身人面的怪物，是被贰负的臣子杀死的。

服常树，其上有三头人，伺琅玕（láng gān）树[①]。

注释

①琅玕树：一种珍贵的树木，可能结有美丽的果实或宝石。

译文

在服常树上，居住着一个长着三颗脑袋的人，他负责看守琅玕树。

卷十二·海内北经

贰负之臣曰危，危与贰负杀窫窳，帝乃梏（gù）[1]之疏属之山，桎（zhì）[2]其右足，反缚两手，系之山上木。

注释

①梏：用枷锁禁锢。　　②桎：用脚镣束缚。

译文

贰负的臣子叫危。危和贰负联手杀死了窫窳，于是天帝把危拘禁在疏属山上，用脚镣锁住他的右脚，反绑他的双手，把他拴在山中的大树上。

犬封国曰犬戎国，状如犬。有一女子，方跪进杯食。有文马，缟（gǎo）[1]身朱鬣（liè），目若黄金，名曰吉量，乘之寿千岁。

注释

①缟：白色。

译文

犬封国也叫犬戎国，那里的人长得很像狗。有一个女子，正跪在地上，进献酒食。那里还有一种带斑纹的马，身体是白色的，鬃毛是红色的，眼睛像黄金一样闪耀，名字叫吉量，骑上它可以活上千岁。

蜪(táo)犬如犬，青，食人从首始。

译文

蜪犬的外形很像狗，身体是青色的，吃人时从头部开始。

穷奇状如虎，有翼，食人从首始，所食被发[①]。在蜪犬北。

注释

①被发：披散着头发。被，通“披”。

译文

穷奇的外形犹如老虎，长有翅膀，吃人时先从头部开始，被它吃掉的人都披散着头发。它在蜪犬的北边。

蟜（jiǎo），其为人虎文，胫有膂。

译文

蟜长着人的样子，但是身上却有着类似老虎的斑纹，小腿上有强健的筋肉。

阘（tà）非，人面而兽身，青色。

译文

阘非长着人的脸和野兽的身体，全身都是青色的。

据比之尸，其为人折颈被发，无一手。

译文

据比的尸体，脖子被折断，头发披散，少了一只手。

林氏国有珍兽，大若虎，五采毕具，尾长于身，名曰驺吾（zōu wú），乘之日行千里。

译文

林氏国里有一种珍稀动物，体型大如老虎，身上有五彩斑斓的花纹，尾巴比身体还长，名字叫驺吾，骑上它一天能跑千里之远。

王子夜之尸，两手、两股、胸、首、齿，皆断异处。

译文

王子夜的尸体，包括两只手、两条大腿、胸部、头和牙齿，都被斩断并分散在不同的地方。

大泽方百里，群鸟所生及所解①。在雁门北。

注释

①解：指鸟脱换羽毛。

译文

大泽方圆百里，有许多鸟类在这里生息繁衍及脱换羽毛。它位于雁门山的北边。

舜妻登比氏生宵明、烛光，处河大泽，二女之灵①能照此所方百里。

注释

①灵：神光、灵光。

译文

舜的妻子登比氏生了两个女儿，名字叫宵明和烛光，她们住在黄河边的大泽中，两位女子的灵光能够照亮方圆百里的地区。

卷十三·海内东经

陵鱼人面，手足，鱼身，在海中。

译文

陵鱼这种生物，长着人的脸、人的手脚和鱼的身体，生活在大海中。

雷泽中有雷神，龙身而人头，鼓其腹。

译文

雷泽中有雷神，长着龙的身体和人的脑袋，把自己的肚子当作鼓敲打。

卷十四·大荒东经

东海之外大壑，少昊之国。少昊孺（rú）①帝颛顼于此，弃其琴瑟。

注释

①孺：意思是养育、抚养。

译文

东海之外有一个巨大的深谷，那里是少昊建立的国家。少昊在这里抚养了颛顼帝，颛顼幼年时操练过的琴瑟，现在还丢在深谷里。

东南海之外，甘水之间，有羲（xī）和之国。有女子名曰羲和，方浴日于甘渊。羲和者，帝俊之妻，生十日。

译文

在东南海之外，东海和

甘水之间，有一个叫羲和的国度。那里有一位名叫羲和的女子，正在甘渊中为太阳洗澡沐浴。羲和是帝俊的妻子，她生下了十个太阳。

有波谷山者，有大人之国。有大人之市，名曰大人之堂。有一大人踆(zūn)[1]其上，张其两臂。

注释

①踆：“蹲”的古字。

译文

有一座名叫波谷的山，那里有一个大人国。国里有大人们做买卖的市场，名叫“大人之堂”。有一个大人正蹲在那里，张开他的双臂。

有神，人面兽身，名曰犁䰱(líng)之尸。

译文

有一位神，长着人的脸和野兽的身体，名叫犁䰱之尸。

有司幽之国。帝俊生晏龙，晏龙生司幽，司幽生思士，不妻；思女，不夫。食黍，食兽，是使四鸟[1]。

注释

①鸟：这里指野兽。

译文

有一个叫司幽的国家。帝俊生了晏龙，晏龙生了司幽，司幽又生了思士，思士没有娶妻；司幽还生了思女，思女也不嫁夫。他们以黍和兽肉为食，驱使四种野兽。

有白民之国。帝俊生帝鸿，帝鸿生白民，白民销姓，黍食，使四鸟：虎、豹、熊、罴。

译文

有一个叫白民的国家，帝俊生了帝鸿，帝鸿又生了白民。白民以“销”为姓，以黍米为食物，他们驱使四种野兽，也就是虎、豹、熊和罴。

有神人，八首人面，虎身十尾，名曰天吴。

译文

有一位神人，他长着八颗头、人的面容、虎的身躯和十条尾巴，名字叫天吴。

大荒之中，有山名曰鞠(jū)陵于天、东极、离瞀(mào)，日月所出。有神名曰折丹——东方曰折，来风曰俊——处东极以出入风。

译文

在那遥远的地方，有三座高山，名字分别叫作鞠陵于天山、东极山和离瞀山，太阳和月亮就从这里升起。有一位名叫折丹的神——东方人称他为折，从东方吹过来的风称作俊——折丹神就在大地的最东边，负责主管风的出入。

东海之渚①中，有神，人面鸟身，珥两黄蛇，践两黄蛇，名曰禺䝞(yú hào)。黄帝生禺䝞，禺䝞生禺京。禺京处北海，禺䝞处东海，是惟海神。

注释

①渚：水中的小块陆地。

译文

在东海的小岛上有一位神，长着人的脸、鸟的身子，耳朵上挂着两条黄色的蛇，脚底下还踩着两条黄色的蛇，名字叫禺䝞。黄帝生了禺䝞，禺䝞又生了禺京。禺京住在北海，禺䝞住在东海，他们都是海神。

有因民国，勾姓，黍食。有人曰王亥①，两手操鸟，方食其头。王亥托于有易②、河伯仆牛③。

有易杀王亥，取仆牛。河伯念有易，有易潜出，为国于兽，方食之，名曰摇民。帝舜生戏，戏生摇民。

注释

①王亥：是商部落的领袖。他用牛车拉货，到各部落去做交易，开创了贸易活动的先河。

②有易：国名。

③仆牛：大群的牛。

译文

有一个叫因民的国家，那里的人姓勾，以黍米为食物。有一个人叫王亥，他两手抓着鸟，正在吃鸟的头。王亥把牛群托付给有易国的河伯，但有易国国君杀死了王亥，并抢走了牛群。（后来商人围攻有易国，杀了国君），河伯念及与有易国的交情，帮助有易国人偷偷逃离了出来，他们在野兽出没的地方重新建立了国家。有易国遗民正吃着兽肉，他们把新国家取名为摇民国。帝舜生了戏，戏又生了摇民。

大荒之中有山，名曰孽（niè）摇頵（yūn）羝（dī）。上有扶木，柱三百里，其叶如芥。有谷曰温源谷。汤谷上有扶木，一日方至，一日方出，皆载于乌①。

注释

①乌：这里指神话中负载太阳的三足乌。

译文

广袤的荒野中有一座山，名叫孽摇頵羝。山上有一棵扶木，树干高达三百里，叶子如同芥菜。那里还有一个山谷叫作温源谷。汤谷上也有一棵扶木，一个太阳刚刚抵达扶木，另一个太阳就从扶木上升起，太阳们都承载在三足乌的身上。

有神，人面、犬耳、兽身，珥两青蛇，名曰奢比尸。

译文

有一个神，长着人的脸、狗的耳朵、野兽的身体，耳朵上挂着两条青蛇，名叫奢比尸。

有五采之鸟，相乡弃沙①。惟帝俊下友②。帝下两坛，采鸟是司。

注释

①弃沙：有说是盘旋舞动、翩翩起舞的样子。

②友：友好、交朋友。

译文

有一种五颜六色的鸟，它们常常相向而对，翩翩起舞。只有天帝帝俊下凡与下界的它们结为好友。帝俊在人间设立了两座祭坛，由这些五颜六色的鸟负责管理。

大荒东北隅中，有山名曰凶犁土丘。应龙处南极，杀蚩尤与夸父，不得复上。故下数旱。旱而为应龙之状，乃得大雨。

译文

在荒远之地的东北角，有一座山叫凶犁土丘。应龙住在这座山的最南端，它杀死了蚩尤和夸父，再也无法返回天上。因此人间多次发生旱灾。人们便模仿应龙的样子求雨，于是如愿迎来了大雨。

东海中有流波山，入海七千里。其上有兽，状如牛，苍身而无角，一足，出入水则必风雨，其光如日月，其声如雷，其名曰夔(kuí)。黄帝得之，以其皮为鼓，橛(jué)①以雷兽之骨，声闻五百里，以威天下。

注释

①橛：敲打。

译文

东海中有一座流波山，深入海中达七千里。山上有一只神兽，形状似牛，身体是青黑色的，没有角，只有一只足。它出入水中时一定会带来疾风劲雨，发出的光焰如同日月般耀眼，声音如同雷声轰鸣，它的名字叫作夔。黄帝得到它之后，用它的皮做成鼓面，还用这位雷神的骨头来锤击这面鼓，那鼓声能传递到五百里之外，以此来威慑天下。

卷十五·大荒南经

南海之外，赤水之西，流沙之东，有兽，左右有首，名曰䟣踢（chù）。有三青兽相并，名曰双双。

译文

在南海之外，赤水的西边，流沙以东，生活着一种野兽，这种野兽身体左右两边各有一个头，名字叫䟣踢。还有一种由三只青色的野兽合并在一起的奇特动物，名字叫双双。

赤水之东，有苍梧之野，舜与叔均①之所葬也。

注释

①叔均：传说为舜的儿子商均。

译文

赤水的东边是苍梧原野，舜和叔均埋葬在这里。

有巫山者，西有黄鸟。帝药，八斋。黄鸟于巫山，司此玄蛇。

译文

有一座巫山，山的西边有黄鸟。天帝的仙药就存放在八处斋室里。黄鸟在巫山，负责看守玄蛇。

大荒之中，有不庭之山，荣水穷焉。有人三身。帝俊妻娥皇，生此三身之国，姚姓，黍食，使四鸟。有渊四方，四隅皆达，北属黑水①，南属大荒。北旁名曰少和之渊，南旁名曰从渊②，舜之所浴也。

注释

①黑水：河名，通常与北方或神秘的地方相关联。

②从渊：一个特定的深渊或湖泊，传说舜曾在此沐浴。

译文

在遥远的荒野中，有一座山叫作不庭山，荣水在这里流到了尽头。这里居住着一种人，他们长有三个身体。帝俊的妻子娥皇生下了三身国的祖先，他们姓姚，以黍米为食，并且能够驱使四种野兽。这里有一个四方形的深渊，四个角落都能通达外界，北边连接着黑水，南边则通向大荒。北边的深渊叫作少和之渊，南边的深渊叫作从渊，传说舜帝曾在这里沐浴。

又有成山，甘水穷焉。有季禺之国，颛顼之子，食黍。有羽民之国，其民皆生毛羽。有卵民之国，其民皆生卵。

译文

又有一座山，叫作成山，甘水的尽头就在这里。有一个叫季禺的国家，是颛顼的儿子创建的，国民以黍米为食。有一个叫羽民的国家，国民们浑身都长满了羽毛。还有一个叫卵民的国家，国民们个个都会产卵。

有不死之国，阿姓，甘木是食。

译文

有一个叫不死国的国家，国民姓阿，以甘木为食。

南海渚中，有神，人面，珥两青蛇，践两赤蛇，曰不廷胡余。

译文

在南海的一个小岛上，居住着一位神，他长着人的脸，耳朵上挂着两条青蛇，脚下踩着两条赤蛇，这位神人的名字叫不廷胡余。

有神名曰因因乎——南方曰因乎，来风曰乎民——处南极以出入风。

译文

有一位神名字叫因因乎——南方人称他为因乎，南方吹来的风称为乎民——他住在大地的南端，负责掌管风的出入。

有襄山。又有重阴之山。有人食兽，曰季厘。帝俊生季厘，故曰季厘之国。有缗(mín)渊。少昊生倍伐，倍伐降处缗渊。有水四方，名曰俊坛。

译文

有一座襄山，又有一座重阴山。有个吃野兽的人，他的名字叫季厘。帝俊在这里生了季厘，所以称作季厘国。这里有一个缗渊。少昊生了倍伐，倍伐被贬流放到了缗渊。还有一个水池是四方形的，名叫俊坛。

有臷民之国。帝舜生无淫，降臷处，是谓巫臷民。巫臷民朌(fēn)姓，食谷，不绩不经，服也；不稼不穑(sè)①，食也。爰有歌舞之鸟，鸾鸟自歌，凤鸟自舞。爰有百兽，相群爰处。百谷所聚。

注释

①不稼不穑：不需要耕种和收割，形容生活富足，食物自然充足。

译文

有一个国家叫载民国。帝舜生了无淫，无淫被流放到这里定居，被称为巫载民。巫载民姓朌，以谷物为食，不需要纺织就能有衣服穿；不需要耕种和收割就能食物充足。这里有会唱歌、会跳舞的鸟，鸾鸟自由地在歌唱，凤鸟自由地在起舞。这里还有各种各样的野兽，和睦地群居在一起。这里也是各种谷物聚集生长的地方。

有蜮(yù)山者，有蜮民之国，桑姓，食黍，射蜮①是食。有人方扜(yū)弓射黄蛇②，名曰蜮人。

注释

①蜮：传说中一种生活在水里的怪物。

②扜弓射黄蛇：拉弓射箭，目标是黄蛇。

译文

有一座山叫蜮山，这里有一个国家叫蜮民国，国民姓桑，以黍米为食，他们通过射杀蜮来获取食物。有一个人正在拉弓射击黄蛇，这个人被称为蜮人。

有宋山者，有赤蛇，名曰育蛇。有木生山上，名曰枫木。枫木，蚩尤所弃其桎梏，是为枫木。

译文

有一座山叫宋山，山上有一条红色的蛇，名字叫育蛇。山上还有一种树，名字叫枫木。枫木是蚩尤把身上的镣铐枷锁扔在地上所变的。

有小人，名曰焦侥（yáo）之国，幾（jī）姓，嘉谷是食。

译文

有一个国家叫焦侥国，这里的人身材矮小，姓幾，以优质的谷物为食。

有云雨之山，有木名曰栾。禹攻①云雨，有赤石焉生栾，黄本，赤枝，青叶，群帝焉取药。

注释

①攻：治理。

译文

有一座云雨山，山上有棵树名字叫作栾。大禹治理云雨山时，发现红色的岩石上忽然生出了这棵栾树，黄色的树干，红色的树枝，青色的叶子，于是诸位帝王就纷纷来到这里来采集制药。

有人名曰张弘，在海上捕鱼。海中有张弘之国，食鱼，使四鸟。

译文

有一个名叫张弘的人，他在大海上捕鱼。海里有一个国家叫作张弘，那里的国民以鱼为食，能驱使四种野兽。

有人焉，鸟喙，有翼，方捕鱼于海。大荒之中，有人名曰驩(huān)头。鲧①妻士敬，士敬子曰炎融，生驩头。驩头人面鸟喙，有翼，食海中鱼，杖翼而行。维宜芑苣(jù)，穋(lù)杨是食。有驩头之国。

注释

①鲧：传说是大禹的父亲。

译文

有一个人，长着鸟的嘴巴，还有翅膀，正在海上捕鱼。在遥远的大荒之中，有一个人叫驩头。鲧的妻子是士敬，士敬生的儿子叫炎融，炎融又生了驩头。驩头长着人的面孔、鸟的嘴巴，还有翅膀，他食用海里的鱼，依靠翅膀行走。他也吃杞、苣、穋和杨这些树木的叶子。于是，有了驩头国。

卷十六·大荒西经

西北海之外，大荒之隅，有山而不合，名曰不周负子，有两黄兽守之。有水，曰寒暑之水。水西有湿山，水东有幕山。有禹攻共工国山。

译文

在西北海之外，遥远大荒的角落处有着一座山，这座山是无法合拢的，名字叫不周负子，有两只黄色的神兽守护着这座山。这里有一条河流，叫作寒暑之水。河的西边有座湿山，河的东边有座幕山。还有一座山，大禹攻打共工国时曾在此开战。

有神十人，名曰女娲之肠，化为神，处栗广之野，横道而处。

译文

有十位神人，名字叫女娲之肠，他们是由女娲的肠子化生而成的，居住在栗广的原野上，横在道路旁。

有人名曰石夷——西方曰夷，来风曰韦——处西北隅以司日月之长短。

译文

有一个人，名叫石夷——在西方被称为夷，西方吹过来的风被称为韦——他住在西北角，负责管理日月运行时间的长短。

有五采之鸟，有冠，名曰狂鸟。

译文

有一种五彩斑斓的鸟，头上有冠，叫作狂鸟。

有西周之国，姬姓，食谷。有人方耕，名曰叔均。帝俊生后稷，稷降以百谷。稷之弟曰台玺(xǐ)，生叔均。叔均是代其父及稷播百谷，始作耕。

译文

有一个西周国，这个国度的人以姬氏为姓，以谷物为食。有一个人正在耕作，名字叫叔均。帝俊生了后稷，后稷教会了人们种植百谷。后稷的弟弟叫台玺，台玺生了叔均。叔均代替他的父亲和后稷播种百谷，并开创了农耕时代。

西海之外，大荒之中，有方山者，上有青树，名曰柜格之松，日月所出入也。

译文

在遥远的西海之外，有一片荒远的土地，那里有一座山，叫作方山，山上长着一种青色的树，名字叫柜格之松。传说太阳和月亮就是从这棵松树上升起和落下的。

西北海之外，赤水之西，有天民之国，食谷，使四鸟。

译文

在西北海之外，赤水的西边，有一个叫天民之国的地方。那里的人们以谷物为食，并且能够驱使四种野兽。

有北狄之国。黄帝之孙曰始均，始均生北狄。

译文

有一个叫北狄的国家，据说是黄帝的孙子始均创建了北狄国。

有芒山。有桂山。有榣山。其上有人，号曰太子长琴。颛顼生老童，老童生祝融，祝融生太子长琴，是处摇（yáo）山，始作乐风。

译文

有芒山、桂山，还有一座摇山。山上住着一个人，名字叫太子长琴。颛顼生了老童，老童生了祝融，祝融生了太子长琴，居住在摇山上，他是音乐的创始人。

有五采鸟三名：一曰皇鸟，一曰鸾鸟，一曰凤鸟。

译文

有三种神奇的鸟，分别叫作皇鸟、鸾鸟和凤鸟。

有虫状如菟①，胸以后者裸②不见，青如猨（yuán）状。

注释

①菟：通“兔”。　　②裸：指不长毛。

译文

有一种奇怪的生物，它的外表和兔子很像，但是胸部以下是裸露的，虽然是裸露的却又看不出来，因为它的皮色犹如猿猴一般，是青色的。

有沃民之国，沃民是处。沃之野，凤鸟之卵是食，甘露是饮。凡其所欲，其味尽存。爰有甘华、甘柤、白柳、视肉、三骓、璇瑰①、瑶碧、白木、琅玕、白丹、青丹，多银、铁。鸾鸟自歌，凤鸟自舞，爰有百兽，相群是处，是谓沃之野。

注释

①璇瑰：一种玉的名字。

译文

有一个国家叫沃民国，是沃民生活的地方。生活在沃国原野的人们，吃的是凤鸟所生的蛋，喝的是天降的甘露。凡是他们心里想要吃的东西，这里应有尽有。这里有甘华树、甘柤树、白柳树、视肉兽、三骓马、璇瑰、瑶碧、白木树、琅玕树、白丹、青丹，还有许多银和铁。鸾鸟自由自在地歌唱，凤鸟自由自在地舞蹈，还有各种各样的野兽群居共处，因此被称作沃野。

有三青鸟，赤首黑目，一名曰大鵹（lí），一名少鵹，一名曰青鸟。

译文

有三只青色的鸟，长着红色的脑袋和黑色的眼睛，一只叫大鵹，另一只叫少鵹，还有一只叫青鸟。

有人衣青，以袂蔽（mèi）面，名曰女丑之尸。

译文

有一个人穿着青色的衣服，用袖子遮住了脸部，名字叫女丑尸。

有弇（yān）州之山，五采之鸟仰天，名曰鸣鸟。爰有百乐歌儛之风。

译文

有一座叫弇州的山，山上有一种五彩斑斓的鸟，它仰头朝天鸣叫，名字叫鸣鸟。这里还有各种美妙的音乐和舞蹈。

有轩辕之国。江山之南栖为吉，不寿者乃八百岁。

译文

有一个叫作轩辕的国家。在这个国家的南边居住是非常吉利的，那里的人即使不长寿者也能活到八百岁。

西海陼（zhǔ）中①，有神，人面鸟身，珥两青蛇，践两赤蛇，名曰弇兹（zī）。

注释

①陼中：指西海中的小岛或水域。

译文

在西海中的一个小岛上，住着一位神，他长着人的脸、鸟的身体，耳朵上挂着两条青蛇，脚下踩着两条红蛇，名字叫弇兹。

大荒之中，有山名曰日月山，天枢①也。吴姖天门②，日月所入。有神，人面无臂，两足反属于头上③，名曰嘘(xū)。颛项生老童，老童生重及黎，帝令重献上天④，令黎印下地⑤，下地是生噎(yē)，处于西极，以行日月星辰之行次。

注释

①天枢：天地的中心或枢纽。

②吴姖天门：吴姖是传说中的天门，日月从这里落下。

③两足反属于头上：两只脚反过来长在头上。

④献上天：重被命令升到天上。

⑤印下地：黎被命令降到地上。

译文

在非常荒远的地方，有一座山叫日月山，它是天地的枢纽中心。吴姖天门是日月降落的地方。那里有一位神，长着人的脸，但是没有手臂，两只脚反过来长在头顶上，他的名字叫作嘘。

颛顼生了老童，老童生了重和黎。天帝命令重升到天上，命令黎降到地上。黎在地上生了噎，噎住在大地的最西边，负责管理日月星辰的运行顺序。

有女子方浴月。帝俊妻常羲，生月十二，此始浴之。

译文

有一个女子正在为月亮洗澡。她是帝俊的妻子常羲，她生下了十二个月亮，并开始为它们洗澡沐浴。

有玄丹之山。有五色之鸟，人面有发。爰有青鳶(wén)、黄鷔(áo)、青鸟、黄鸟，其所集者其国亡。

译文

有一座山叫玄丹山。山上有一种五彩斑斓的鸟，长着一副人的脸，还有头发。那里还有青鳶、黄鷔、青鸟和黄鸟，它们在哪个国家聚集，哪个国家就会不幸灭亡。

有巫山者。有壑山者。有金门之山，有人名曰黄姖之尸。有比翼之鸟。有白鸟，青翼、黄尾、玄喙。有赤犬，名曰天犬，其所下者有兵。

译文

有巫山和壑山，还有一座叫金门的山，山上有一个名叫黄姖之尸的人。有一种比翼的鸟，还有一种白鸟，它长着青色的翅膀、黄色的尾巴和黑色的喙。还有一种红色的狗，名字叫天犬，传说它出现的地方会有战争爆发。

西海之南，流沙之滨，赤水之后，黑水之前，有大山，名曰昆仑之丘。有神——人面虎身，有文有尾，皆白——处之。其下有弱水之渊环之，其外有炎火之山，投物辄(zhé)然[①]。

注释

①辄然：辄，就。然，通“燃”，燃烧。

译文

在西海的南边，流沙的旁边，赤水的后面，黑水的前面，有一座大山，名字叫昆仑之丘。那里有一位神，长着人的脸和老虎的身体，身上有花纹和白色的尾巴。山下有弱水的深渊环绕着昆仑丘，外面还有一座炎火山，把东西扔进去就会熊熊燃烧起来。

有寿麻之国。南岳[①]娶州山女，名曰女虔(qián)。女虔生季格，季格生寿麻。寿麻正立无景[②]，疾呼无响。爰有大暑，不可以往。

注释

①南岳：人名。

②寿麻正立无景：意思是寿麻站在阳光下时，没有影子。这是一种神奇的现象，可能用来形容寿麻的特殊身份或能力。

译文

有一个叫作寿麻的国家。国中的南岳娶了州山的女子，名字叫女虔。女虔生了季格，季格又生了寿麻。寿麻站在阳光下没有影子，大声呼喊也没有回声。那里异常炎热，平常人根本无法前往。

有人无首，操戈盾立，名曰夏耕之尸。故成汤伐夏桀(jié)于章山，克之，斩耕厥(jué)前。耕既立，无首，走厥咎(jiù)[1]，乃降于巫山。

注释

①走厥咎：意思是逃避自己的罪责或过错。

译文

有一个人没有头颅，手里拿着戈和盾站立着，名字叫夏耕之尸。从前，成汤在章山讨伐夏桀，打败了夏桀，并在他面前斩杀了夏耕。夏耕的尸体虽然站立着，但是却没有了头颅，他为了逃避自己的罪责，就逃到了巫山。

有人名曰吴回，奇左[1]，是无右臂。

注释

①奇左：意思是只有左边，这里指只有左臂。

译文

有一个人，名叫吴回，他只有左臂，没有右臂。

有盖山之国。有树，赤皮支干，青叶，名曰朱木。

译文

有一个叫盖山的国家。那里有一种树，树皮和枝干都是红色的，叶子是青色的，名字叫朱木。

大荒之中，有山名曰大荒之山，日月所入。有人焉三面，是颛顼之子，三面一臂，三面之人不死，是谓大荒之野。

译文

在遥远而荒僻的土地上，有一座山名叫大荒，是日月落下后进入的地方。那里的人长有三张面孔，是颛顼的后代。他们有三张脸，但是只有一只手臂。这种三面人永远不会死去，这里就是所谓的大荒之野。

西南海之外，赤水之南，流沙之西，有人珥两青蛇，乘两龙，名曰夏后开①。开上三嫔于天，得《九辩》与《九歌》以下。此天穆之野，高二千仞，开焉得始歌《九招》。

注释

①夏后开：就是夏后启，大禹的儿子。

译文

在西南海以外，赤水的南岸，流沙的西边，有个人耳朵上挂着两条青蛇，乘坐着两条龙，名字叫夏后启。夏后启曾经三次被请到天庭做客，得到了天帝的乐曲《九辩》和《九歌》，然后回到了人间。这里是天穆之野，高达两千仞，夏后启就在这里演唱《九招》乐曲。

有氐人之国。炎帝之孙名曰灵恝(jiá)，灵恝生氐人，是能上下于天。

译文

有一个氐人国。炎帝的孙子名叫灵恝，灵恝又生了氐人，氐人能在天界和人世之间自由地走动。

有鱼偏枯[①]，名曰鱼妇，颛顼死即复苏。风道北来，天乃大水泉，蛇乃化为鱼，是为鱼妇。颛顼死即复苏。

注释

①偏枯：偏瘫。

译文

有一种一侧身体瘫痪的鱼，名字叫鱼妇，传说是颛顼死后复苏化生的。当北面的大风吹来，天上便降下如泉涌般的大水，于是蛇就变成了鱼，这就是鱼妇。颛顼死后，就借助蛇化为鱼的机会，托生在鱼的身体里复活了。

卷十七·大荒北经

东北海之外，大荒之中，河水之间，附禺之山，帝颛顼与九嫔葬焉。卫丘方员三百里，丘南帝俊竹林在焉，大可为舟。竹南有赤泽水，名曰封渊。有三桑无枝，皆高百仞。丘西有沈渊，颛顼所浴。

译文

在东北海之外，极为荒远的地方，黄河流经的区域，有一座附禺山，帝颛顼和他的九位嫔妃就埋葬在这里。卫丘方圆有三百里之大，丘的南面有帝俊的竹林，竹子大得可以做成船。竹林的南边有一片红色的水域，名字叫封渊。那里有三棵没有树枝的桑树，每棵树都高达百仞。丘的西边有一个沈渊，是颛顼洗澡沐浴的地方。

大荒之中，有山，名曰不咸。有肃慎氏之国。有蜚(fēi)蛭(zhì)，四翼。有虫，兽首蛇身，名曰琴虫。

译文

在遥远的荒野中，有一座山，名字叫作不咸。那里有一个国家，名字叫作肃慎氏。那里有一种昆虫，叫作蜚蛭，它有四只翅膀。还有一种奇怪的生物，长着野兽的脑袋和蛇的身体，名字叫作琴虫。

有人名曰大人。有大人之国，釐姓，黍食。有大青蛇，黄头，食麈(zhǔ)①。

注释

①麈：一种鹿类动物，尾巴可以制成拂尘。

译文

有一种人叫作大人，有一个国家叫作大人之国，那里的人都以釐为姓，以黍米为食物。那里有一种大青蛇，头是黄色的，以麈为食。

大荒之中，有山名曰衡天。有先民之山。有槃(pán)木千里①。

注释

①槃木千里：一种高大的树木，这种树木可以绵延千里。

译文

在遥远的荒野之地，有一座山名字叫作衡天。还有一座山叫作先民之山。那里有一种高大的树木，叫作槃木，它的枝叶可以绵延千里。

有叔歜（chù）国，颛顼之子，黍食，使四鸟：虎、豹、熊、罴。有黑虫如熊状，名曰猎猎。

译文

有一个国家名叫叔歜国，是颛顼的后代建立的，那里的人以黍米为食，能够驱使四种猛兽：虎、豹、熊和罴。那里还有一种黑色的野兽，形状像熊，名字叫作猎猎。

有北齐之国，姜姓，使虎、豹、熊、罴。

译文

有一个国家名叫北齐之国，那里的人都姓姜，能够驱使虎、豹、熊、罴。

大荒之中，有山名曰先槛大逢之山，河济所入，海北注焉。其西有山，名曰禹所积石。

译文

在大荒之中，有一座山名叫先槛大逢，是黄河和济水汇入的地方，大海也从北面注入此山。这座山的西边还有一座山，名字叫禹所积石。

有毛民之国，依姓，食黍，使四鸟。禹生均国，均国生役采，役采生修鞈（gé），修鞈杀绰（chuò）人。帝念之，潜为之国，是此毛民。

译文

有一个国家，名叫毛民，那里的人以依为姓，以黍米为食物，能够驱使四种野兽。禹生了均国，均国生了役采，役采生了修鞈，修鞈杀了绰人。天帝非常怜悯绰人，暗中为他们建立了一个国家，这就是毛民国。

有儋（dān）耳①之国，任姓，禺号子，食谷。北海之渚中，有神，人面鸟身，珥两青蛇，践两赤蛇，名曰禺强。

注释

①儋耳：意思是“大耳朵”，可能是指这个国家的人耳朵特别大，或者有某种与耳朵相关的习俗。

译文

有一个叫作儋耳的国家，这个国家的人都姓任，是禺号的后代，他们以谷物为食。在北海的一个小岛上，有一位神，他长着人的脸和鸟的身体，耳朵上挂着两条青色的蛇，脚底下踩着两条红色的蛇，这位神的名字叫禺强。

大荒之中，有山名曰北极天柜，海水北注焉。有神，九首人面鸟身，名曰九凤。又有神，衔蛇操蛇，其状虎首人身，四蹄长肘，名曰强良。

译文

在遥远的荒野中，有一座山，叫作北极天柜，海水向北流到这里。那里有一位神，长着九个脑袋，人一样的面容、鸟一样的身体，名字叫九凤。还有一位神，嘴里衔着一条蛇，手里拿着一条蛇，长着虎一样的脑袋、人一样的身躯，四只蹄子、肘臂很长，名字叫强良。

大荒之中，有山名曰成都载天。有人珥两黄蛇，把两黄蛇，名曰夸父。后土生信，信生夸父。夸父不量力，欲追日景，逮之于禺谷。将饮河而不足也，将走大泽，未至，死于此。应龙①已杀蚩尤②，又杀夸父，乃去南方处之，故南方多雨。

注释

①应龙：传说中的雨神。

②蚩尤：古代九黎族首领，与黄帝于涿鹿开战，兵败被杀。

译文

在遥远的荒野中，有一座山，名叫成都载天。有一个人，耳朵上挂着两条黄蛇，手里也拿着两条黄蛇，名字叫夸父。后土生了信，信生了夸父。夸父不自量力，想要追逐太阳的影子，一直追到禺谷。他想要喝干黄河的水，但仍然不足以解渴，于是又想去大泽取水，可是还没有到达大泽，就死在了这里。据说应龙杀了蚩尤，又杀了夸父，然后跑到了南方居住，所以南方的雨水很多。

有系昆之山者，有共工之台，射者不敢北乡。有人衣青衣，名曰黄帝女魃(bá)[①]。蚩尤作兵伐黄帝，黄帝乃令应龙攻之冀州之野。应龙畜水，蚩尤请风伯雨师，纵大风雨。黄帝乃下天女曰魃，雨止，遂杀蚩尤。魃不得复上，所居不雨。叔均言之帝，后置之赤水之北。叔均乃为田祖[②]。魃时亡之。所欲逐之者，令曰："神北行！"先除水道，决通沟渎(dú)[③]。

注释

①女魃：即旱魃，相传是一位不长头发的女神，她居住的地方从不降雨。

②田祖：指叔均，意思是农业的始祖。 ③决通沟渎：疏通水道和沟渠。

译文

有一座山叫系昆山，山上有一座共工台，射箭的人不敢朝北方放箭。这里有一位身着青色衣服的女子，名字叫作黄帝女魃。蚩尤制造兵器攻打黄帝，黄帝命令应龙在冀州的野外与蚩尤作战。应龙蓄积起大水，蚩尤则请来了风伯和雨师，制造大风大雨。于是黄帝派这位叫作魃的天女下凡，雨就停了，蚩尤被杀。女魃无法再回到天上，她居住的地方也不再下雨。叔均向黄帝报告了这件事，后来女魃被安置在赤水的北边。叔均是管理田地的始祖。女魃时常到各个地方跑动，想要赶走她的人会说："神啊，请向北走！"而且先要治理水道，疏通沟渠。

大荒之中，有山名曰融父山，顺水入焉。有人名曰犬戎。黄帝生苗龙，苗龙生融吾，融吾生弄明，弄明生白犬，白犬有牝牡，是为犬戎，肉食。有赤兽，马状无首，名曰戎宣王尸。

译文

在遥远荒僻的地方，有一座山叫融父山，是顺水流入的地方。这里有一个部落叫犬戎。他们的祖先是黄帝，黄帝生了苗龙，苗龙生了融吾，融吾生了弄明，弄明生了白犬。白犬有雌雄之分，这就是犬戎部落，他们以肉类为食。这里还有一种红色的野兽，形状像马但没有头，名字叫戎宣王尸。

有人一目，当面中生。一曰是威姓，少昊之子，食黍。

译文

有一个人只有一只眼睛，还是长在脸的正中间。有人说他姓威，是少昊的儿子，以黍米为食。

有无继民，无继民任姓，无骨①子，食气、鱼。

注释

①无骨：国名或部族名。一说无骨意为身上没有骨头。

译文

有一个部落叫无继民，他们姓任，是无骨人的后代，以空气和鱼为食。

有犬戎国。有神，人面兽身，名曰犬戎。

译文

有一个国家叫犬戎国。这里有一位神，长着人的脸和兽的身体，名字叫犬戎。

西北海外，黑水之北，有人有翼，名曰苗民。颛顼生驩头，驩头生苗民，苗民釐姓，食肉。

译文

在西北方的海外，黑水的北岸，有一种长翅膀的人，名字叫苗民。颛顼生了驩头，驩头又生了苗民，苗民姓釐，以肉类为食。

卷十八·海内经

东海之内，北海之隅，有国名曰朝鲜、天毒[①]，其人水居，偎人爱人[②]。

注释

①天毒：古代传说中的国家名称，具体位置不详。

②偎人爱人：形容人们之间相互亲近、友爱。

译文

在东海和北海的交界处，有国家叫作朝鲜和天毒。那里的人居住在水边，他们相互亲近，彼此友爱。

流沙之东，黑水之西，有朝云之国、司彘之国。黄帝妻雷祖[①]，生昌意，昌意降处若水，生韩流。韩流擢（zhuó）首、谨耳、人面、豕喙、麟身、渠股、豚止[②]，取淖（zhuō）子曰阿女，生帝颛顼。

注释

①雷祖：即嫘祖，传说中黄帝的妻子。

②擢首、谨耳、人面、豕喙、麟身、渠股、豚止：擢，即拔，引申为长。渠，通“骈”，并生。止，通“趾”，脚。

译文

在流沙的东边，黑水的西边，有朝云国和司彘国。黄帝的妻子雷祖生了昌意。昌意后来到了若水居住，生了韩流。韩流长着细长的头、小耳朵、人的脸、猪的嘴、麒麟的身体、罗圈腿和猪的脚。他娶了淖子的女儿阿女，生了帝颛顼。

华山青水之东，有山名曰肇（zhào）山。有人名曰柏子高，柏子高上下于此，至于天。

译文

在华山和青水的东边，有一座山叫作肇山。有一个叫柏子高的人，他能在肇山上下，到达天上。

西南黑水之间，有都广之野，后稷葬焉。爰有膏菽（shū）①、膏稻、膏黍、膏稷，百谷自生，冬夏播琴②。鸾鸟自歌，凤鸟自舞，灵寿实华③，草木所聚。爰有百兽，相群爰处。此草也，冬夏不死。

注释

①膏菽：一种特别肥美的豆类植物。

②播琴：这里指播种，像弹琴一样轻松自然。

③灵寿实华：灵寿树结出美丽的花朵和果实。

译文

在西南方的黑水之间，有一片叫作都广的田野，后稷就埋葬在这里。这里有肥美的豆子、稻子、黍子和稷子，各种谷物自然而然地生长，无论冬夏都能轻松播种。这片土地上鸾鸟在自由地歌唱，凤鸟在自在地跳舞，灵寿树结出美丽的花朵和果实，各种草木聚集生长。还有各种野兽聚居在一起生活。这里的草，无论冬夏都不会枯萎。

有灵山，有赤蛇在木上，名曰蝡(ruǎn)蛇，木食。

译文

有一座灵山，山上有一条红色的蛇，名字叫蝡蛇，它生活在树上，以树木为食。

有九丘，以水络[①]之：名曰陶唐之丘、叔得之丘、孟盈之丘、昆吾之丘、黑白之丘、赤望之丘、参卫之丘、武夫之丘、神民之丘。有木，青叶紫茎，玄华黄实，名曰建木，百仞无枝，上有九欘(zhú)[②]，下有九枸(gōu)[③]，其实如麻，其叶如芒，大皞(hào)[④]爰过，黄帝所为[⑤]。

注释

①络：围绕、环绕。

②欘：盘绕曲折的树枝。

③枸：树根盘根错节。

④大暤：又作“太昊”，即伏羲氏。

⑤所为：所制造的物品。

译文

有九座山丘，都被水流环绕，它们的名字分别叫作陶唐丘、叔得丘、孟盈丘、昆吾丘、黑白丘、赤望丘、参卫丘、武夫丘、神民丘。有一种树，长着青色的叶子和紫色的茎干，开黑色的花朵，结黄色的果实，这种树叫作建木。建木高达百仞，但是没有枝叶，它的顶端盘桓曲绕着九条树枝，它的底部盘旋交错着九条树根，建木的果实类似麻结的果，叶子酷似芒树的叶。大皞就凭借着建木去往天界，这棵神树也是黄帝制作的天梯。

西南有巴国。大皞生咸鸟，咸鸟生乘厘，乘厘生后照，后照是始为巴人。

译文

在西南方向有一个国家叫作巴国。大皞生了咸鸟，咸鸟生了乘厘，乘厘生了后照，后照是巴人的始祖。

又有朱卷之国。有黑蛇，青首，食象。

译文

还有一个国家叫作朱卷国。那里有一种黑色的蛇，头部是青色的，能够吞食大象。

南方有赣(gàn)巨人，人面长唇，黑身有毛，反踵，见人则笑，唇蔽其面，因可逃也。

译文

在南方有一种赣巨人，长着人的脸，长长的嘴唇，身体是黑色的，还长满了毛。它的脚跟是反着长的，见到人就会笑，笑的时候嘴唇会遮住它的脸，因此可以趁机逃跑。

又有黑人，虎首鸟足，两手持蛇，方啖之①。

注释

①方啖之：正在吃蛇。

译文

还有一种浑身都是黑色的人，长着老虎的头、鸟的脚，两只手抓着蛇，正在那里吃蛇。

有人曰苗民。有神焉，人首蛇身，长如辕，左右有首，衣紫衣，冠旃(zhān)冠①，名曰延维，人主得而飨食之②，伯(bà)天下③。

注释

①冠旃冠：戴着红色的帽子。

②飨食之：祭祀并供奉它。

③伯天下：成为天下的霸主。伯，通“霸”。

译文

有一种人叫苗民。他们生活的地方有一位神，长着人的头、蛇的身体，身体像车辕一样长，左右各有一个头，穿着紫色的衣服，戴着红色的帽子，名字叫延维。如果君主能够找到它并祭祀供奉它，就能成为天下的霸主。

又有青兽如菟，名曰菌(jùn)①狗。有翠鸟。有孔鸟②。

注释

①菌：“菌”的古字。

②孔鸟：即孔雀。

译文

又有一种青色的酷似兔子的野兽，名字叫菌狗。还有翠鸟和孔雀。

南方苍梧之丘，苍梧之渊，其中有九嶷(yí)山，舜之所葬。在长沙零陵界中。

译文

在南方有苍梧之丘和苍梧之渊，其中有一座九嶷山，是舜帝被埋葬的地方。九嶷山位于长沙和零陵的交界处。

北海之内，有蛇山者，蛇水出焉，东入于海。有五采之鸟，飞蔽一乡，名曰翳鸟。又有不距之山，巧倕（chuí）葬其西。

译文

在北海的这片地域内，有一座叫作蛇山的山，蛇水从这里发源，向东流入大海。这里有一种五彩斑斓的鸟，飞起来能遮蔽整个乡村，这种鸟叫翳鸟。还有一座叫不距的山，传说一位名叫巧倕的能工巧匠被埋葬在这座山的西边。

北海之内，有反缚盗械①、带戈常倍②之佐③，名曰相顾之尸。

注释

①盗械：因犯罪而被戴上刑具。 ③佐：辅佐帝王的人。

②倍：通“背”，背叛。

译文

在北海之内，有一个戴着刑具、被反绑着的盗贼，他手持戈矛，是一个经常叛乱的臣子，名叫相顾之尸。

有钉灵之国，其民从厀[①]以下有毛，马蹄善走。

注释

①厀：通“膝”，膝盖。

译文

有一个叫钉灵的国家，那里的人膝盖以下都长着毛发，脚像马蹄一样，非常擅长奔跑。

帝俊生禺号，禺号生淫梁，淫梁生番禺，是始为舟。番禺生奚仲，奚仲生吉光，吉光是始以木为车。

译文

帝俊生了禺号，禺号生了淫梁，淫梁生了番禺，番禺发明了船。番禺生了奚仲，奚仲生了吉光，吉光发明了木车。

少皞生般，般是始为弓矢。

译文

少皞生了般，般发明了弓箭。

帝俊赐羿彤(tóng)弓素矰(zēng)[①]，以扶下国[②]，羿是始去恤(xù)下地之百艰[③]。

注释

①彤弓素矰：彤弓是红色的弓，素矰是白色的箭，这种箭系着丝绳。

②扶下国：帮助和保护人间的国家。

③恤下地之百艰：关心并解决人间百姓的各种苦难。

译文

帝俊赐给羿红色的弓和白色的箭，让他去帮助和保护人间的国家。羿从此开始关心并解决人间百姓的各种苦难。

帝俊生晏龙，晏龙是为琴瑟。

译文

帝俊生了晏龙，晏龙发明了琴瑟。

帝俊有子八人，是始为歌舞。

译文

帝俊有八个儿子，他们是最早开始唱歌跳舞的人。

帝俊生三身，三身生义均，义均是始为巧倕[①]，是始作下民百巧。后稷是播百谷。稷之孙曰叔均，是始作牛耕。大比赤阴，是始为国。禹、鲧是始布土[②]，均定九州[③]。

注释

①倕：传说中巧匠的名字。

②布土：治河时填土、挖土的工程。布，施予，施行。土，土工。

③九州：大禹治理好洪水以后，把中原划分为九个行政区域，就是九州。

译文

帝俊生了三身，三身生了义均，义均是最早的能工巧匠，他发明了百姓生活中所需的各种技艺和工具。后稷教人们种植谷物。后稷的孙子叫叔均，他发明了牛耕。大比赤阴是最早建立国家的人。禹和鲧用填土的办法治理河流泛滥，平定了九州，使大地恢复了安宁。

炎帝之妻，赤水之子听訞(yāo)生炎居，炎居生节并，节并生戏器，戏器生祝融。祝融降处于江水，生共工。共工生术器，术器首方颠(diān)[①]，是复土壤[②]，以处江水。共工生后土，后土生噎鸣，噎鸣生岁十有二。

注释

①首方颠：一说头顶是平的，一说头顶是方形。

②复土壤：指用工具翻耕土壤。